부모를 위한
몬테소리 교육법

부모를 위한 몬테소리 교육법

100년이 넘는
역사가 증명하는
육아의 정석

잔느 마리 페이넬 ● 비올렌느 페로 지음 ● 김규희 옮김

Ui 유아이북스
Ultimate Information

부모를 위한 몬테소리 교육법

1판 1쇄 발행 2020년 1월 20일
1판 3쇄 발행 2021년 2월 5일

지은이 잔느 마리 페이넬, 비올렌느 페로
옮긴이 김규희
펴낸이 이윤규

펴낸곳 유아이북스
출판등록 2012년 4월 2일
주소 서울시 용산구 효창원로 64길 6
전화 (02) 704-2521
팩스 (02) 715-3536
이메일 uibooks@uibooks.co.kr

ISBN 979-11-6322-026-8 03370
값 15,000원

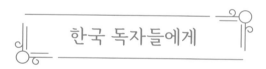

한국 독자들에게

몬테소리 교육법은 시중에 유행처럼 떠도는 육아법과 차원이 다릅니다.

100여 년 동안 과학적으로 연구되었으며 그 효과가 객관적으로 입증된 체계 아래 발전해 왔습니다.

적지 않은 한국의 부모들이 선행학습을 추구한다고 들었습니다. 아쉽게도 몬테소리 교육법은 그런 분들을 위한 게 아닙니다. 아이라면 누구나 엄청난 잠재력을 가지고 있고, 자신만의 발달 속도가 있다는 기본 전제 아래 고안되었기 때문입니다. 학습을 강요하기보다는 아이 스스로 배우고자 하는 의지를 잘 살리는 방법이 바로 몬테소리 교육법입니다.

남들보다 앞서야 한다는 교육 가치관을 가진 분들에겐 이 책 내용이 맞지 않을 수 있습니다. 대신 아이 스스로 자기 가치를 실현하도록 돕고 싶은 부모나 교사라면 반드시 읽어야 할 내용입니다.

이 교육법은 원래 이탈리아에서 시작이 되었지만, 사회 규율과 자립심을 함께 키우고자 하는 프랑스의 교육 풍토에서 널리 활용되고 있습니다. 프랑스 가정의 부모라면 자녀가 무엇보다 매너 있게 자라기를 원합니다. 몬테소리 교육법은 그들이 추구하는 방향에 따라 실제 양육에 엄청난 도움을 주었습니다.

한국에 계신 여러분도 이 책을 통해 아동 교육과 육아에 관한 실질적인 아이디어를 얻으시길 바랍니다.

잔느 마리 페이넬
비올렌느 페로

차 례

1부 몬테소리 교육을 시작하며

2부 가정 밖에서의 몬테소리 교육

3부 가정에서 실천하는 몬테소리 교육

부록

몬테소리 교육을 시작하며

몬테소리 교육법을 학교와 가정에 적용하기 전에 그 시작점을 이해하는 것이 중요합니다. 수년간의 연구, 관찰 그리고 경험을 통해 마리아 몬테소리는 탄탄한 이론적 기초를 세울 수 있었습니다. 이는 몬테소리 철학이 발전하는 계기가 되었습니다.

1 │ 여성이 이룬 교육 혁명

> 마리아 몬테소리는 겸손하게 다음과 같이 말했습니다.
> "저는 교육 방법을 고안해내지 않았습니다. 단지 아이들에게
> 살아갈 기회를 줬을 뿐입니다."

시대를 앞서간 열정적인 여성

마리아 몬테소리는 1870년 이탈리아에서 태어났습니다. 회계사 아버지와 교육자 어머니 사이에서 외동딸로 태어난 마리아 몬테소리는 어린 시절부터 수학과 공학에 흥미를 보였습니다.

아버지의 반대와 당대의 남성 중심 분위기에도 불구하고, 그녀는 로마 의과대학에 진학했습니다.

이리하여 그녀는 이탈리아에서 처음으로 의과대학을 졸업한 여성 중 한 명이 됩니다. 이는 유럽에서 흔치 않은 경우였지요.

졸업 후 그녀는 소아 정신과에서 일을 시작했습니다. 이 경험은 그녀의 진로와 업적에 결정적인 역할을 하게 됩니다. 버려진 아이들과

다른 아이들보다 발달이 늦은 아이들을 관찰하며, 그녀는 그 아이들이 기본적인 지식을 습득할 수만 있다면 자신의 모든 잠재력을 발휘할 수 있다는 것을 알게 되었습니다. 그래서 그녀는 인류학과 심리학과 교육학을 공부했습니다.

마리아 몬테소리는 단지 세상에 평화를 가져오고 싶다는 그녀의 의지 하나만으로 아이들과 교육에 관한 그녀의 사상과 비전을 전 세계에 전파했습니다.

알렉산더 그레이엄 벨Alexander Graham Bell, 토머스 에디슨Thomas Edison, 지그문트 프로이트Sigmund Freud, 버트런드 러셀Bertrand Russell, 장 피아제Jean Piaget, 마하트마 간디Mahatma Gandhi, 헬렌 켈러Helen Keller, 앤 설리번Anne Sullivan과 같은 많은 위인이 마리아 몬테소리 교육법의 혁신적 정신을 알아본 바 있습니다.

마리아 몬테소리는 1952년 노르트베이크 안 제이(네덜란드)에서 82번째 생일을 맞이하기 3개월 전에 세상을 떠납니다. 그녀의 무덤에는 다음과 같은 글이 적혀 있습니다.
"씩씩하고 소중한 우리 아이들이 다 함께 힘을 모아 세계 평화를 이루길 간절히 기도합니다."

2 | 더 나은 세상을 위한 비전

마리아 몬테소리는 단순히 교육자만이 아니었습니다. 그녀는 심리학자이기도 했고 동시에 과학자, 철학자, 여성 해방 운동가이자 세상의 평화와 이타주의를 주장하는 운동가였습니다.

학창 시절에 마리아 몬테소리는 여성과 아동에게 가해지는 부당한 행위들을 철저히 인식하게 됩니다. 그 후 그녀는 여성과 아동의 권리를 보호하는 데 모든 에너지를 쏟기로 마음먹었습니다.

마리아 몬테소리는 여성의 권리, 특히 직장에서 아이가 있는 여성

들의 권리를 주장한 초기 운동가 중 한 명입니다. 그녀는 여성의 참
정권을 위해 투쟁했으나, 프랑스처럼 이탈리아에서 여성의 참정권을
인정받기까지 50년을 기다려야 했습니다.

마리아 몬테소리는 26세에 여성 참정권을 주장하던 로마 여성 단
체에서 부서기관을 맡았고, 베를린에서 열린 국제 여성 회의에서 이
탈리아 대표로 참석했습니다. 이 회의에서 그녀는 여성 인권에 대해
목소리를 냈는데, 이는 국제 언론의 찬사를 받은 바 있습니다.

1899년, 마리아 몬테소리는 런던에서 열린 국제 여성 회의에 또 한
번 참석해 시칠리아 섬에 있는 아이들의 노동환경을 규탄했습니다.
이는 여성 교육자들의 고난과 어려운 상황을 알리는 감명 깊은 연설
로 알려졌습니다.

1934년, 그녀는 자신의 평화주의적 교육관이 당대 이탈리아의 최
고 통치자였던 베니토 무솔리니Benito Mussolini의 목표와 반대됨을 깨
닫고 파시스트 체제하의 이탈리아를 떠나기로 결심했습니다. 학교를
발전시키기 위해 쏟은 그간의 노력에도 불구하고, 베니토 무솔리니
가 요구하는 파시스트 인사법과 교복을 받아들일 수 없었기 때문에
그녀는 학교들을 닫게 되죠.

이제 그녀에게 남은 유일한 선택은 내전으로 소란스러웠던 스페
인으로 떠나는 것이었습니다. 하지만 불행히도 역사는 반복됩니다.

스페인 정권에도 파시즘 정부가 들어서게 된 것이죠. 그녀와 그녀의 가족은 스페인의 프랑코 정권을 피해 영국 군함을 타고 런던으로 떠났습니다.

1939년, 그녀는 마드라스 신지학 협회(오늘날의 첸나이)의 초대로 인도에 강사 신분으로 도착했습니다. 조국을 떠났음에도 인도인들에게 그녀는 당대 영국의 식민 지배를 받던 인도의 적으로 비쳐질 뿐이었습니다. 그리하여 그녀는 저택에서 항상 감시를 받으며 지내야 했습니다. 함께 온 그녀의 아들이자 통역가였던 마리오Mario는 같은 이유로 그녀의 70번째 생일까지 감금된 채 풀려나지 못했지요. 인도에서도 마리아 몬테소리는 계속해서 글을 쓰고, 가르치며 강연을 하고 지냈습니다.

마리아 몬테소리는 혁신적 교육 개혁은 더 나은 세상을 만들기 위해 불가피한 것이라고 말한 바 있습니다. 그녀의 목적은 좀 더 주의 깊고, 결단력 있고, 밝은 아이들을 만들기 위해 그들을 사회의 중심에 놓는 것이었습니다. 마리아 몬테소리는 아이들을 연구하는 데 삶을 바쳤고, 그녀의 교육 철학은 전 세계에 퍼져있는 몬테소리 학교에 적용되었습니다.

1949년, 마리아 몬테소리는 당대 프랑스의 수상인 레옹 블룸에게 레지옹 도뇌르 훈장을 받았습니다. 그녀는 세 차례에 걸쳐 노벨 평화상 후보에 올랐습니다.

3 | 의사이자 엄마였던 몬테소리

> 1897년 마리아는 대학 시절 가까운 친구이자 동료였던 주세페 몬테사노Giuseppe Montesano와 사랑에 빠져 아이를 가집니다. 당시 이탈리아는 결혼하지 않은 여자가 아이를 가지는 것에 호의적이지 않은 분위기였습니다. 마리아는 결혼으로 자유를 잃게 되는 것이 두려워 아이의 아버지와 결혼하지 않기로 결심합니다.

마리아와 주세페는 결혼을 하지 않더라도 변치 않는 사랑을 약속하고 로마의 시골에 있는 한 가족에게 아이를 입양 보냅니다. 하지만 나중에 주세페는 다른 여성과 결혼하여 가정을 이루고, 이를 알게 된 마리아는 홀로 실연의 아픔을 감당해야 했죠.

마리아 몬테소리의 아들 마리오 몬테소리Mario Montessori는 1898년 3월 31일에 태어났습니다. 마리아는 아들을 종종 보러 갔으며, 아들의 출생의 비밀을 청소년기가 지나서야 밝혔습니다.

자신의 생모가 누구인지 알게 된 마리오는 어머니의 여행을 따라가기로 결심했습니다. 이를 통해 마리오는 어머니의 가장 가까운 동업자이자 통역가, 그녀의 교육 방식의 든든한 지지자가 됩니다. 마리오는 몬테소리 교육법에 관한 자신의 책을 출판하고 어머니에게 손자도 안겨 주었습니다. 손자인 마리오 주니어는 바로 '스스로 할 수 있도록 도와주세요'라는 유명한 인용문을 남긴 주인공입니다.

오늘날, 마리아의 증손녀 중 한 명인 역사학자 카롤리나 몬테소리Carolina Montessori는 암스테르담에 있는 국제 몬테소리 연구소(AMI) 본사에서 마리아 몬테소리의 자료를 관리하고 있습니다.

4 | 과학적 교육법의 탄생

버려지고 길거리를 떠도는 아이들

젊은 의사였던 마리아 몬테소리는 아동 정신 의학에 관심이 많았습니다. 당대에는 해당 분야가 크게 발전하고 있었지요. 1900년에 그녀는 장애아의 발달을 연구하는 의학 교습법 학원에 원장이 됩니다. 마리아 몬테소리는 정신적으로 어려움이 있는 아이들을 관찰하고 교육할 수 있도록 연구 대상 학급의 교육자들을 가르쳤습니다.

새로운 아이의 탄생

마리아 몬테소리의 연구는 다음의 두 프랑스 의사들에게 큰 영향을 받았습니다. 첫 번째로 장 이타르Jean Itard는 청각 장애 연구와 아베이론의 야생아 빅토르에 관한 연구로 유명합니다. 두 번째로 장 이타르의 제자인 에두아르 세갱Édouard Séguin은 지적 장애 아동의 특수한 욕구에 관심을 가진 선구자 중 하나로 알려져 있습니다.

두 의사들의 선행 연구를 접한 이후, 마리아 몬테소리는 관찰과 실험에 근거한 반복 학습적 접근으로 연구 방향을 잡았습니다. 그녀가 교육하던 아이들은 이탈리아 국가 시험을 성공적으로 거치면서 정상인과 같은 삶을 살 수 있게 됐습니다. 이는 국제 사회에 큰 놀라움으로 다가왔습니다. 그녀가 아이들의 행복과 교육에 일생을 바치게 된 것은 바로 이때부터입니다.

1906년, 로마시는 마리아에게 로마의 빈민가를 떠도는 아이들의 문제를 해결해 달라고 부탁을 합니다. 바로 그 다음 해, 마리아는 산 로렌조 빈민 지구에 첫 번째 밤비니집(아이들의 집)을 만듭니다. 그녀는 산 로렌조 아이들에게 적합한 작은 도구를 주문 제작하고, 장애아를 위해 기존에 만들었던 것과 비슷한 교재를 스스로 완성합니다. 그녀는 밤비니집의 아이들이 적합한 환경에서 집중하고 일하는 기쁨을 스스로 느끼게 될 것이라고 주장했습니다. 아이들은 사회적이고, 이야기하기를 좋아하고, 행복한 존재입니다. 이 경험을 통해 마리아 몬테소리는 자신의 과학적 교육법을 확고히 하게 됩니다.

첫 번째 몬테소리 학교는 1907년 1월 6일에 설립되었습니다. 이 날 이후로 몬테소리 교육법에 대한 관심은 전 세계적으로 퍼져나가고 있지요.

5 | 몬테소리 교육기관은 무엇이 다른가

1907년 첫 밤비니집이 지어진 이후, 몬테소리 학교는 계속해서 그 수를 늘려갔습니다. 오늘날 전 세계의 몬테소리 학교는 2만 개 이상이며, 그 중에서 200개가량은 프랑스에 있습니다. 몬테소리 학교는 모든 나라에 존재하고, 3개월부터 18세까지의 아이들을 교육하고 있습니다. 이토록 많은 다양성을 갖고 있지만, 모든 몬테소리 학교는 몬테소리 철학과 교육법이라는 대원칙을 따르고 있습니다.

대원칙

- 아이 한 명 한 명의 리듬을 가장 우선시할 것. 개인마다 특별한 욕구가 있으며, 배우고 이해하는 자연적인 욕구가 다르다는 것을 이해해야 한다.

- 나이에 따라 아이들의 자발적인 활동을 장려하는 '준비된' 환경을 마련한다.(수업 구성, 교육 도구와 특수 교육 활동)
- 출생년월이 아닌 아이들의 '발달 단계(스테이지)'에 따라 3~6세, 6~12세, 12세~ 18세와 같이 나이가 다른 아이들의 반을 구성한다.
- 교육자가 기존에 설명한 적이 있는 활동에 한해 아이들이 자유롭게 활동을 선택하도록 한다.
- 교실 내에서 아이들의 자유로운 움직임을 허용한다.
- 다른 아이를 방해하지 않는다는 조건 하에 아이들은 다른 아이들을 관찰하면서 배운다.
- 교육자는 교육과정을 수료하고 자격증을 받아야 한다.

국제 몬테소리 연구소(AMI) 수료증은 교육자에게 가장 잘 알려진 수료증입니다. 자녀를 몬테소리 학교에 등록하길 원한다면, 해당 학교가 위에 적힌 대원칙을 잘 준수하는지 미리 조사해보는 것을 추천합니다.

6 | 몬테소리는 '브랜드'가 아니다

> 1929년, 마리아 몬테소리와 그녀의 아들 마리오는 덴마크에서 열린 첫 번째 국제 몬테소리 학회에서 국제 몬테소리 연구소를 발족합니다. 이 연구소는 몬테소리 교육법을 일관성 있게 전 세계에 보급하기 위해 만들어졌습니다.

오늘날, 34개 단체는 국제 몬테소리 연구소AMI와 제휴를 맺었으며, 매년 이 수는 증가하고 있습니다. 연구소 본사는 몬테소리 박사의 마지막 거처인 암스테르담에 있습니다. 연구소는 이사회와 여러 국가의 대표자들로 구성되어 있지요. 매년 대중을 대상으로 연구소의 새로운 자원과 정보를 공유하는 회담이 열립니다.

국제 몬테소리 연구소는 모든 아이에게 적용할 수 있는 교육 방식을 만들기 위해 노력하고 있습니다. 교육자의 전문성 발전을 중시하기 때문에, 국제 몬테소리 연구소는 이들에게 직업 교육 자료를 제공하는 데 특히나 힘쓰고 있습니다. 또한 해당 연구소는 몬테소리 학교 프로그램을 개발하고, 각 학교에 전적인 지원을 하며, 인재 배양 등 다방면으로 몬테소리 학교를 발전시키기 위해 일하고 있습니다.

'몬테소리'라는 단어는 그 자체로 교육 방법이라는 말을 나타낼 뿐이지 브랜드가 아닙니다. 그러나 많은 협회나 단체가 자칭 자신들이 원조라며 몬테소리 교육 방식을 내세우고 있습니다. 저희는 이 책을 통해 학부모 여러분이 자녀들을 위한 학교를 선택하는 데 도움이 될 수 있도록 조금이라도 명확한 정보를 제공하고자 합니다. 단순히 아이를 위한 어떤 활동을 준비하는 데 본 책을 참고하셔도 좋습니다.

스물아홉 번째 국제 몬테소리 학회는 2021년 방콕에서 열릴 계획입니다.

7 | 네 가지 몬테소리 교육 원칙

> 몬테소리 교육법은 인간 발달의 자연스러운 기본적 욕구에 기반하고 있습니다. 교재, 교육 도구, 마리아 몬테소리와 그녀의 아들 및 다른 동업자들이 개발한 수업 등이 이러한 원칙에 기초를 두고 있습니다.

몬테소리 교육법은 한 세기가 넘는 기간 동안 아이들에 대한 세심한 과학적 관찰을 통해 구축되었습니다. 오늘날, 신경과학 및 인지과학 분야는 마리아 몬테소리가 발견하고 적용했던 대부분의 교육 원칙을 인정했습니다.

몬테소리 교육법의 네 가지 대원칙

- 흡수하는 정신
- 인간의 성향 또는 기본적인 욕구
- 예민한 시기
- 인간의 네 가지 발달 단계

스펀지와 같은 아이들: 흡수하는 정신

> 몬테소리 철학의 첫 번째 원리는 바로 아이들은 모든 것을 흡수하는 능력을 가지고 있다는 것에서 시작합니다. 이는 과학적으로도 입증된 중요한 발견이죠. 우리는 이것을 '흡수하는 정신'이라고 합니다.

놀라운 동화 능력

몬테소리 박사는 아이는 놀라운 동화 능력을 가지고 있다고 한 바 있습니다. 아이들은 특히 태어났을 때부터 6세까지 자신을 둘러싼 모든 것에 영향을 받고 이를 내면화합니다. 마리아 몬테소리는 학습 방법을 극대화하기 위해 이 원리를 교육의 기초로써 사용합니다. 성인은 배우기 위해서 어떠한 양의 노력을 들여야 한다면, 아이는 인식하지도 못한 채 정보를 흡수하는 능력이 있습니다. 흡수하는 상태는 창조적 무의식 상태입니다. 아이의 뇌는 선택 과정을 거치지 않고도 모든 정보를 모을 수 있는 능력이 있습니다. 아이들은 좋은 경험과 나쁜 경험을 모두 내면화하기 때문에 이러한 작용을 '스펀지'라고 부릅니다.

이 현상은 두 가지 단계로 구분됩니다.

1. **출생부터 3세까지** 아이는 '무의식 학습자'입니다.
2. **3세경에** 아이는 의식이 향상되고 열의를 가지고 모든 것을 흡수하려 합니다. 이 때부터 아이는 '의식적 참여자'가 됩니다.

'흡수하는 자세'란 아이가 자신을 둘러싼 주변 환경을 자신의 것으로 만들며 자신만의 리듬, 장소 및 문화에 적응하도록 돕는 능력을 말합니다. 아이는 환경, 가치, 원리, 관습 등을 어떠한 차별도 없이 받아들이죠. 이러한 원리에 기반해, 마리아 몬테소리는 아이의 배움에 대한 갈증을 채워주기 위해 아주 어렸을 때부터 '준비된 환경'에 노출시키는 것이 중요하다는 것을 깨닫습니다.

흡수하는 정신! 그것은 인간의 놀라운 재능이 아닐 수 없습니다. 노력하지 않고도, 단지 '살아있다'는 이유로 아이는 언어와 같은 복잡한 문화를 주어진 환경 속에서 체득합니다. 이것은 창조적 무의식의 수수께끼 속에 숨어있는 현상입니다.

9 인간의 욕구:
인간의 성향 또는 기본 욕구

> 몬테소리 철학의 두 번째 원리는 인간은 보편적이고, 자연스럽
> 고 본능적인 성향을 가지고 있다는 것입니다.

아이들을 관찰하면서 오랜 기간 이 특징들을 연구한 후, 마리아
몬테소리는 해당 특징을 자신의 교육학에 접목합니다. 또한, 준비된
환경과 교육 도구 제작(교실 구성, 교재 제작)에도 이를 적용합니다.

인간의 욕구와 그에 따른 능력

- **탐구하고자 하는 욕구:** 위치 파악 능력, 활동력, 질서 확립, 호기심
- **일하고자 하는 욕구:** 학습력, 집중력, 정확성, 완벽주의
- **수학적 욕구:** 상상력, 추상화
- **사회생활의 욕구:** 문화, 의사소통
- **정신적 활동 욕구:** 예술, 음악, 춤(신체적 표현)

10 | 탐구욕은 타고 난다

> 환경에 잘 적응하기 위해서 인간은 무엇보다도 자신이 성장하고 있는 세상을 탐구할 수 있어야 합니다. 이러한 탐구욕은 억제할 수 없어 '인간의 경향성'이라고도 합니다. 그 이유는 이 욕구가 우리 개개인이 각자의 시간과 문화에 잘 적응하도록 탐구하게 하는 내면의 지도자이기 때문이죠.

탐구하고 나아가고자 하는 욕구는 우리가 이 세상에서 발전하고 살아갈 수 있도록 합니다.

아이는 우선 주변 환경을 자세히 탐구하도록 돕는 자신만의 능력을 발견합니다. 생명 유지에 필수적인 이 욕구를 인식하고 나면, 이제는 아이가 자기 방식대로 탐구할 수 있도록 안전하고 적합한 환경을 '준비'해야 합니다. 우리는 그 어떤 것도 아이에게 방해가 되지 않도록 주의해야 하고, 아이가 안전하고 자유롭게 주변 환경을 탐구할 수 있도록 관찰하고 인도할 수 있습니다.

생애 초반에 아이들은 아주 잘 발달되어 있는 자신의 감각에 의지해 주변을 탐구합니다. 이것은 자신을 둘러싼 세상을 이해하도록 돕는 유일한 열쇠이기도 하죠.

위치 파악 능력, 질서 및 의사소통은 탐구하고자 하는 욕구의 여러가지 면을 보여줍니다.

- 위치 파악 능력은 아이 주변의 환경의 다양한 요소를 연결 짓게 합니다. 또한 아이가 마주하는 모든 것을 분류할 수 있게 합니다.
- 질서는 어떠한 구성을 제시하며, 위치 파악 능력에 아주 중요한 요소입니다. 질서가 없을수록 아이는 방향을 잡기 위해 더 많은 에너지를 써야 합니다. 따라서 질서는 아이가 태어난 순간부터 아주 중요합니다. 아이는 참고할 만한 틀을 만들기 때문이죠. 아이는 주변 환경을 이해하고 안전을 느끼기 위해 많은 시간을 방향을 잡는 데 사용합니다. 이와 같은 이유로, 집이나 몬테소리 교실은 질서와 구성을 잘 고려해 모든 것이 탐구 대상이 되도록 설계되어 있습니다.
- 의사소통은 인간에게 아주 중요한 욕구입니다. 이것은 아이가 사회 질서에 참여하고 자신을 표현하도록 합니다. 모든 형태의 의사소통(언어적 표현, 비언어적 표현, 말, 글 등)은 아이들이 사회의 과거와 현재, 미래의 구성원들과 연결되도록 돕습니다.

11 | 일을 하고 싶은 본능

> 일을 통해서 우리는 존재의 이유, 사회에 도움이 된다는 느낌
> 과 소속감을 얻습니다. 사회생활에 참여하고 기여하기 때문이
> 죠. 즐거움을 가지고 행해진 일은 우리에게 힘을 주고 따라서
> 생존에 필수적입니다.

아이들은 교육 재료를 조작하며(탐구의 한 종류), 반복하고(경험),
정확하게 하는 과정(질서의 한 종류)을 거치면서 각자의 발달 단계에
맞춰 일합니다. 아이는 교실에서 혼자 실험을 하고, 도구를 조작합니
다. 아이는 활동적인 감각 탐험가이며 스스로 행동하며 배우는 존재

입니다. 우리는 아이에게 일종의 노하우를 보여줄 뿐이지, 아이는 스스로 학습 방법을 선택할 수 있는 존재입니다.

아이는 한 가지 행동을 완벽하게 익힐 때까지 반복하고 손으로 하는 일에 집중하면서, 지속적으로 사물이 어떻게 작동하는지 이해하려고 합니다.

작업은 주로 책임감 및 제약과 연관되어 있습니다. 하지만, 우리가 일을 변화하고 완전해지는 방식으로 생각한다면, 그것은 진정한 인간의 욕구가 되지요.

마리아 몬테소리는 '일'이라는 단어를 사용한다는 이유로 자주 비난을 받았습니다. '일'이라는 단어는 어원적으로 고문 도구와 관련되어 있기 때문에 서구 문화에서 종종 부정적인 의미를 내포하고 있습니다.(라틴어 tripalium의 사전적 첫 번째 의미) 하지만 아이에게 '일'이라는 단어는 '놀이'와 정확히 같은 의미를 지닙니다. 따라서 아이는 자신의 관심 영역에 몰두하는 열정적인 학생인 셈입니다. 또한, 이러한 욕구와 필요는 최대한 보호받아야 하는 것이죠.

"인간은 일을 하고 수작업을 하면서 스스로를 만들어갑니다. 손은 개인의 성격을 나타내는 도구이자, 지적 기관이고 자신의 의지를 표현합니다. 이 손은 주변 환경을 탐험하면서 고유한 경험을 만들어냅니다. 이것은 공간에 대한 독특한 본능이죠." – 마리아 몬테소리, 《어린이의 비밀》

12 | 아이들은 타고난 수학자

수학적 마인드는 측정하고 계산하고자 하는 자연스러운 욕구로부터 표현되는 인간적 성향입니다. 이는 아이가 사회에 적응할 때 생기는 두려움으로부터 아이를 안내해주고 두려움의 대상을 분석하여 명확하게 해주는 능력입니다.

역사 속에서 수학적 마인드는 인류가 계산하고, 측정을 할 수 있도록 하는 원동력이었습니다. 또한 낮과 밤, 계절과 같은 개념 및 농사와 추수와 같은 기술을 태어나게 했습니다. 아이들은 끊임없이 계산을 하고 측정합니다. 혹시 아이가 사물을 계속해서 들었다 놓는 것을 본 적이 있나요? 아이들은 중력의 법칙을 실험하고 있던 것입니다!

상상력과 추상력은 수학적 마인드의 또 다른 구성 요소입니다. 이것은 인간을 동물로부터 구별 짓는 놀라운 도구이죠. 상상력은 우리로 하여금 이전에 존재하지 않던 것을 창조해내고 복잡한 문명을 건설하게 했습니다. 추상화는 우리 눈앞에 없는 것을 생각하고, 구체적인 물질이 없어도 계산하는 것을 가능토록 합니다.

인간은 모두 수학적 마인드를 가지고 태어납니다. 따라서 아이들이 태어났을 때부터 이 능력을 개발하는 것이 중요합니다. 이를 통해 아이는 주어진 환경에 적응하는 데 필수적인 상상력과 추상력을 함양할 수 있게 됩니다.

13 | 6세 이후 변하는 것

내성적인 성격의 소유자든, 외성적인 성격의 소유자든 우리는 모두 사회적인 존재입니다. 사람은 다른 사람과의 상호작용을 필요로 합니다. 우리는 사회에 잘 동화되고, 어딘가에 소속되고 싶어 하는 욕구를 채우기 위해 사회의 관습과 문화적 전통을 따릅니다.

우리는 공동의 프로젝트를 실행하기 위해 단체로 생활하고, 이러한 사회적 생활에는 문화적 규율과 행동 양식이 따릅니다.

6세 이하의 어린이들은 자아를 형성하는 과정에 있기 때문에 독립적으로 일하는 것을 좋아합니다. 몬테소리 교실은 아이의 이러한 욕구와 발달을 위해 정확하게 맞춰지고 고안되었습니다.

6세 이후로, 아이들은 그룹 활동에 더욱 관심을 가지고 강한 사회적 관계를 형성해 나갑니다. 단체 생활의 필요성을 더욱 느끼고, 이는 의사소통이 발달하는 계기가 됩니다.

14 욕구의 진화

1차적으로 영양 섭취나 안전성 같은 육체적 욕구가 충족되면, 인간의 정신적 욕구가 형성됩니다. 사람은 습관과 관습을 따르고, 옳다고 생각하는 전통을 따릅니다. 창작 활동을 시작하고, 악기를 연주하며, 예술, 연극, 문학, 춤, 스포츠와 같은 활동에 뛰어듭니다.

몬테소리 교실은 다양한 창조적 활동을 아이들에게 제공하고, 여러 가지 문화를 탐험하고 공유하게 함으로써 아이들의 정신적 발달을 돕습니다. 정신성은 '준비된' 교실에서 함양될 수 있습니다. 몬테소리 교실의 정돈되고 질서정연한 환경 속에서 아이들은 침착하고 차분한 분위기를 느낄 수 있습니다. 이를 통해 아이들은 정확한 행동과 다른 사람에 대한 존중을 배워 나갑니다. 아이들을 위해 꾸며진 모든 디테일은 교실 환경에 정신적 가치를 부여하고, 이는 자주 잊혀지곤 하는 우리의 필수적인 욕구, 즉 정신적 활동 욕구에 응합니다. 정신성은 주로 하나의 종교에 연관되고는 하지만 실은 우리의 몸과 정신을 연결 짓는 모든 영역에서 발견된답니다!

15 | 적절한 교육 시기는 따로 있다

> 태어나고 처음 6년은 발달과 학습에 다시는 돌아오지 않을 중요한 시기입니다. 아이는 걷고 말하는 것을 배우고, 본격적인 교육이 없어도 많은 발달을 이루어 냅니다. 아이는 '흡수하는 자세'로 인해 무의식적으로 배우는 중입니다.

이러한 결정적인 시기 외에도, 마리아 몬테소리는 아이가 특정 활동에 예민하게 반응하는 강렬한 시기들이 존재한다고 말했습니다. 그녀는 이러한 시기를 '예민한 발달 시기' 혹은 '기회의 창'이라고 이름 붙였습니다. 풀어 말하자면 이 시기는 아이에게 관찰되는 놀라운 집중력을 동반한 호기심이 왕성한 기간이지요.

아이는 신경계에 의존해 어떠한 주제에 집중할 수 있고 특정 능력을 자기 것으로 만들 수 있습니다. 또한, 누군가의 도움을 받지 않고도 한 활동을 끈기 있게 반복할 수 있습니다.

마리아 몬테소리는 아이가 예민한 시기에 있고, 그에 따른 배움의 욕구를 채워주기 위해선 어른들이 아이가 선택한 활동과 행동을 잘 관찰해야 한다고 했습니다.

'예민한 시기'에는 크게 네 가지가 있습니다.
- 언어에 예민한 시기
- 질서에 예민한 시기
- 발달 기관과 감각 기관이 예민한 시기
- 움직임에 예민한 시기

공통적으로, 예민한 시기는 아이가 세상에 적응하고, 스스로 구성하며 자신의 의지와 지능을 발전시키기 위해 도구를 사용하는 '기회의 창'입니다.

이러한 예민한 시기를 이용하지 않는 것은 아이에게 크나큰 손해입니다.

배움은 언제나 가능하지만, 쉽고 무의식적으로 내용을 받아들일 수 있는 기간은 예민한 시기뿐입니다. 이후에는 몇 배의 노력을 들여야 새로운 것을 배울 수 있습니다. 외국어 학습이 가장 대표적인 예이죠. 어렸을 때 여러 개의 외국어를 배우는 것은 자연스럽게 이루어집니다. 성인이 된 이후에 외국어 학습은 훨씬 어려워지죠.

16 | 언어 능력을 결정하는 시기: 0~6세

아이는 6세까지 목소리, 새로운 것, 그것을 자신의 것으로 만드는 것에 아주 큰 관심을 보입니다. 해당 시기에 언어를 제대로 습득하지 못한 아이는 후에 몇몇 결함을 가지게 됩니다.

언어 습득에 관련된 뇌의 구조(시냅스, 브로카 영역)는 자극이 없으면 발달하지 않습니다. 그렇기에 아이가 태어났을 때부터 아이에게 말을 해주고, 노래를 불러주고, 함께 대화하고 그것을 들려주는 것이 필수적입니다. 청각, 발성 및 대뇌 기관이 올바르게 기능하는 것은 물론이거니와, 아이는 풍부한 어휘 속에서 자라나야 합니다.

올바르고 정확한 단어의 사용은 아이가 말하는 것부터 시작해서 글 쓰는 것까지 의사소통하고자 하는 욕구를 일깨웁니다.

몬테소리의 준비된 환경(교재와 교육법)은 아이가 태어났을 때부터 그 이후 언어 습득에 중요한 기간까지 언어에 대한 관심을 자극합니다.

17 질서에 민감한 시기: 생후 6개월~3세

> 두 번째 시기는 5세까지도 지속될 수 있습니다. 이 시기 동안, 아이는 사물의 질서에 많은 중요성을 부과합니다. 또한, 안정성과 자신에게 기준이 되는 습관의 형성에 민감해집니다.

외부의 질서가 내면의 질서에 영향을 미친다는 것은 우리 모두 잘 알고 있습니다. 특히 주변 환경에 적응하며 배워가는 아이들은 이 점이 더 크게 작용합니다. 무질서와 혼란은 아이들에게 혼란을 일으키는 요인입니다. 정돈된 환경이 중요한 것처럼, 반복되는 행동과 일상의 안정성은 평안함과 질서라는 아이의 욕구에 필수적입니다.

혹시 아이가 자기 모르게 물건의 위치를 바꿨을 때 얼마나 불편함을 느끼는지 보셨나요?

아이가 가지고 놀 수 있는 장난감의 가짓수를 최소한으로 하고, 장난감을 명확하고 논리적으로 정리해서 아이가 쉽게 정돈할 수 있도록 해주세요. 장난감 통은 잊어버리세요!

감각 기관이 눈을 뜨는 시기: 0세~4세

외부의 세상으로부터 아이가 받는 첫 번째 정보는 감각 기능에 의해 받아들여집니다. 처음에 모든 감각(청각, 미각, 후각, 시각, 촉각)은 뇌에 포착됩니다. 감각 기관이 발달하기 시작하면 아이는 유용한 감각과 그렇지 않은 감각을 구별할 수 있게 됩니다.

지속적으로 반복되는 감각적 자극은 일부 뉴런의 연결 통로를 강화합니다. 4세경에 아이의 뇌는 분류 작업을 마치게 됩니다. 따라서, 0세부터 4세까지는 아이의 뇌를 자극하고, 감각 정보를 최대한 다채롭게 하고 이를 정리하기 위해 모든 감각을 깨우는 것이 매우 중요합니다. 이를 통해 아이는 자신을 둘러싼 세상을 더욱 잘 이해하게 될 것입니다.

이제 어린아이들이 왜 손에 잡는 것마다 입으로 가져가는지 이해하시겠지요? 촉각을 통해 아이들은 뇌로 전달된 정보를 풍부하게 하고 이를 가공합니다.

19 | 움직임에 예민한 시기: 18개월~4세

아이가 18개월째에 접어들면 기본적인 운동 능력은 어느 정도 습득이 된 상태입니다. 대략 4세까지 소뇌와 뇌의 운동 피질은 정교한 운동 능력 형성을 위해 계속해서 발달합니다. 따라서 아이는 보다 정교한 움직임을 제어하는 활동에 집중해야 합니다. 이를 통해 아이들은 연필로 글자를 쓴다든지, 물체를 잡는 것과 같은 일들을 쉽게 익히게 됩니다.

이 시기에 아이는 자기가 반복하기 좋아하는 단순한 움직임을 수행하기 위해 최대한의 노력을 기울입니다. 이는 행동 기억을 생성하는 것을 돕습니다. 4세 이후, 대뇌 활동은 활발해지지만 운동 능력을 정교하게 하기 위해서는 상당한 노력이 필요합니다. 혹시 이 나이의 아이들이 같은 행동을 계속 반복하는 것을 보셨나요? 이제 왜 두 살배기 아이가 무거운 물체를 들고 싶어 하는지 아시겠죠?

20 | 손이라는 놀라운 도구

> 인간은 창조하고 진화하기 위해 항상 손을 사용해왔습니다. 태어나자마자 신생아는 자신의 손을 발견하고 조금씩 의도적으로 그것을 사용하는 법을 익힙니다.

손이라는 놀라운 도구는 아이가 처음으로 서고 걷기 시작할 때, 손을 더이상 움직이는 데 쓰지 않을 때 그 진면모가 발휘됩니다. 손재주와 정교한 운동 능력이 발달하기 시작하는 거죠! 마리아 몬테소리는 바로 이 순간에 목표가 있는 학습 도구를 아이에게 제공해야 한다고 생각했습니다. 이것은 아이에게 동기 부여가 될 것이고, 아이의 작은 손은 열심히 움직이고 발달할 것입니다.

지적 도구, 손

손재주와 손가락의 사용은 지적 발달에 필수적입니다. 발가락이 보편적으로 걷기 위해 개개인마다 큰 차이 없이 사용되는 기관이라면, 손의 발달은 참으로 독특한 것이 아닐 수 없습니다. 각자 다른 발달 양상을 보이기 때문에 사람들은 각자 고유한 능력을 가지고 있습니다. 이는 우리의 직업과 사회에 어떻게 기여하는지를 결정하죠.

손을 사용할 때는 마치 새로운 도구 사용법을 배울 때처럼 우리 뇌의 다양한 부위가 동원되고 발달합니다. 건축 놀이, 피아노 연주, 작문, 바느질 등을 할 때 특히나 뇌가 발달합니다.

마리아 몬테소리는 아이들은 손을 쓰지 않고도 어떤 지점까지는 발달할 수 있지만, 손을 쓰기 시작한 후에야 비로소 지적 능력이 발휘된다고 했습니다. 손은 진정한 지적 도구인 셈이지요. 우리 아이들이 열 손가락으로 할 수 있는 것이 무엇인지 발견하도록 도와줍시다!

> "지능과 관련된 진정한 '동력'은 손의 움직임입니다. 손은 지능을 위해, 일을 완수하기 위해 존재합니다."   – 마리아 몬테소리, 《어린이의 비밀》

21 | 누구나 거치는 네 가지 발달 단계

태어났을 때부터 성인이 될 때까지, 마리아 몬테소리는 아이의 발달을 '다시 태어남의 연속'에 비유했습니다. 그녀는 이것을 '네 가지 발달 단계' 또는 '생애 발달 리듬'으로 이름 붙였습니다.

네 가지 발달 단계(또는 발달 수준)는 다음과 같이 구분됩니다.

- 첫 번째 단계, 0세~6세: 유아기
- 두 번째 단계, 6세~12세: 유년기
- 세 번째 단계, 12세~18세: 청소년기
- 네 번째 단계, 18세~24세: 성숙기

첫 번째와 세 번째 단계는 3년씩 두 단계로 나뉩니다. 첫 번째는 배운 것을 습득하는 단계이고, 두 번째는 습득한 것을 구체화하고 개선하는 단계입니다.

두 번째와 네 번째 단계는 습득한 것을 공고히 하고, 더욱 안정적으로 만드는 단계입니다. 이는 후에 좀 더 자세히 설명하도록 하겠습니다.

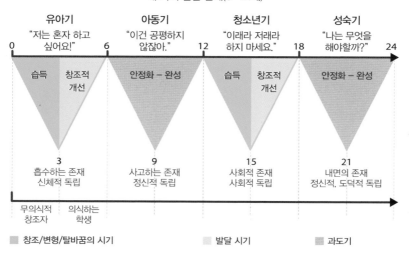

생애 발달 리듬

네 가지 발달 단계(0~24세)

유아기	아동기	청소년기	성숙기
"저는 혼자 하고 싶어요!"	"이건 공평하지 않잖아."	"이래라 저래라 하지 마세요."	"나는 무엇을 해야할까?"

0   6   12   18   24

습득	창조적 개선	안정화 – 완성	습득	창조적 개선	안정화 – 완성

3	9	15	21
흡수하는 존재 신체적 독립	사고하는 존재 정신적 독립	사회적 존재 사회적 독립	내면의 존재 정신적, 도덕적 독립

무의식적 창조자   의식하는 학생

■ 창조/변형/탈바꿈의 시기   ■ 발달 시기   ■ 과도기

가정에 이미 큰 자녀가 있다면 유아기와 청소년기가 비슷한 면이 있다는 것을 눈치채셨겠죠? 부모님이 다소 어려움을 느낄 수 있는 시기이지요. 몬테소리 교육 환경, 교재 및 교육 방식은 아이의 각 발달 단계에 맞춰 육체적, 사회적, 정신적 욕구를 고려해 구성되었습니다.

아이의 심리적 특징도 발달 단계에 따라 자극의 정도나 습득의 수준이 달라집니다. 그러나 각 발달 단계의 성공은 이전 단계를 얼마나 성공적으로 마쳤느냐에 달려있습니다.

22 | 무엇이든 흡수하는 유아기: 0~6세

> 태어나고 처음 6년간 아이는 뭐든지 '흡수하는 존재'이며, 이 기간은 아이의 성격 발달에 기초가 됩니다. 발달 단계 네 가지 중 가장 활동적인 단계이기도 하죠. 이 단계는 3년씩 두 기간 으로 나눠지는데, 탄생부터 3세까지는 무의식적으로 흡수하 는 존재입니다. 3세부터 6세까지는 의식적으로 흡수하는 존 재이지요.

해당 기간 동안 아이는 신체적으로나 정신적으로나 많은 변화를 겪습니다. 이가 자라나고, 앉고, 기어 다니고, 걷는 것을 배우죠. 아이는 실험을 하고 따라하면서 크고 작은 운동 신경을 발달시킵니다. 동시에, 아이는 자신을 둘러싼 세상 안에서 언어 능력을 습득하며 처음에는 단어만 말하다가, 나중에는 문장을 만들 수 있게 됩니다.

6세까지 아이는 자기 중심적으로 사고합니다

아이는 매우 구체적인 방식으로 사고하고 자신을 둘러싼 세상에 관한 모든 것을 알고 싶어 합니다. 바로 이 기간 동안 기억력, 의지, 질서, 이성과 같이 중요한 정신적 기능이 발달합니다. 아이는 움직임이든 감각이든 모든 것을 열심히 관찰하고 탐험합니다. 유아기는 예민한 시기와도 겹쳐 아주 중요하다고 할 수 있습니다.

유아기 아이는 특히나 사랑과 관심, 애정, 질서, 신체적 안전과 애착을 필요로 합니다. 아이에게 최대한의 독립성을 주되, 단순하지만 다양한 자극을 주는 활동을 할 수 있는 환경을 조성해주세요. 목표가 정해져 있고 실생활과 관련된 구체적인 경험이라면 더욱 좋습니다.

아이는 가족 및 사회의 일원으로 참여하고, 자연과 일상을 이해하고자 하는 욕구가 있습니다. 이러한 과정을 통해 아이는 자신감을 형성합니다. 자신감은 아이가 잘 자랄 수 있도록 하는 호기심과 즐거움에 필수적이지요.

여러 가지 환경을 아이의 첫 번째 발달 단계가 잘 이루어지도록 준비해야겠죠. 우선 집이 첫 번째입니다. 다음으로는 니도Nido라고 하는 어린이집이 있습니다. 니도는 아이가 처음으로 세상을 알아가는 데 중요한 첫 번째 발달 단계에서 필요한 것을 모두 준비해 놓은 공간입니다.

"인생에서 가장 중요한 시기는 대학 교육을 받을 때가 아닙니다. 바로 탄생부터 6세까지에 해당하는 시기이죠. 정확히 이 시기에 지능, 운동 능력, 심리적 기능이 형성됩니다. 심리학 연구 논문 중 많은 자료가 인간의 성격을 형성하는 기간은 태어났을 때부터 한 살까지임을 밝히고 있습니다."

— 마리아 몬테소리, 《흡수하는 정신》

23 | 정신적으로 독립하는 유년기: 6~12세

6세부터 12세까지 아이는 사회적 존재로 거듭납니다. 이 기간 동안 아이는 침착하고 대개 즐거워하며, 외부 질서와 어른으로부터 독립을 시작하기 때문에 이 시기를 안정기라고도 부릅니다. 아이는 진정한 문화 탐험가가 됩니다. 자신을 둘러싼 세상에 대해 모두 이해하고 싶어 하며, 자신의 성격을 확실히 하고자 합니다.

6세 이후의 아이는 신체적으로 변화를 겪습니다. 유치가 빠지고 영구치가 납니다. 또한 피부와 머리카락이 두꺼워지죠. 아이의 신체는 길어지고 강해지며, 이는 아이를 훌륭한 달리기 선수로 만들죠. 아이는 점점 건강해집니다. 무엇보다도, 에너지가 차고 넘치죠!

추상화와 사회성의 나이

두 번째 발달 단계에서 아이는 추상적 생각을 할 수 있게 됩니다. 아이는 이전보다 훨씬 복잡한 개념을 사고하고 이해하기 시작합니다. 새로이 습득한 능력 덕분에 아이는 넘치는 상상력의 나래를 펼칩니다. "왜 그래?"나 "어떻게?"와 같은 수 많은 질문을 하면서 아이는 많은 양의 지식을 습득합니다. 이 시기는 도덕을 습득하는 시기이기도 하죠. 아이는 선한 것과 악한 것을 구별 짓는 잣대가 필요하고, 모든 영웅 이야기에 빠져듭니다.

이전 단계와는 반대로, 6세부터 12세까지 아이는 사회 관계를 구축합니다. 이때의 아이들은 다른 사람을 고려하기 시작하고, 그룹으로 일하는 것을 좋아하고, 같은 나이와 성별의 아이들과 놀이하는 것을 상상하고 계획합니다. 진정한 우정을 만들어가며, 가족의 울타리에서 벗어나 사회생활을 시작합니다.

이 기간 동안 아이는 집에서 받는 것만큼이나 학교에서도 사랑, 존중, 안정감과 더 큰 독립성을 느끼고 싶어 합니다. 아이는 관계를 형성하고 다양한 문화적 경험을 하며 자연과 교감해야 합니다.

이를 위해 가정 환경과 몬테소리 초등 교실(두 개의 과정으로 나누어집니다.) 또한 두 번째 발달 단계에 맞추어 디자인되어 있습니다. 첫 번째 단계가 아이에게 '세상의 열쇠'를 주는 것이었다면, 두 번째 단계는 '우주의 열쇠'를 넘겨줘야 합니다.

24 | 질풍노도의 청소년기: 12~18세

세 번째 발달 단계는 첫 번째와 매우 닮아있습니다. 이 시기는 신체적으로나 정신적으로나 큰 변화를 겪는 시기입니다. 아이는 성인의 세계로 조금씩 들어가고, 사회적 정의와 자신의 존엄성에 대한 독특한 감수성을 가지게 됩니다. 마리아 몬테소리는 독일어에 영감을 받아 청소년기의 아이를 '땅의 아이 Erdkinder'라고 지칭했습니다.

"우리가 이 시기의 아이들을 '땅의 아이'라고 이름 지은 이유는 바로 아이들이 자신의 뿌리를 찾아 문명 세계로 침투하기 때문입니다. 사람들이 평화로운 세대를 열고 문명의 발전을 열어나가는 세계 말이죠."

– 마리아 몬테소리, 《어린이에서 청소년으로 De l'enfant à l'adolescent》

12세부터 18세까지 아이는 굉장한 육체적 변화를 경험하게 됩니다. 호르몬의 변화와 성장의 최고점을 찍는 시기, 바로 사춘기입니다. 따라서 아이는 더욱 취약해지죠. 쉽게 피곤해지고, 아프고, 전 단계와는 사뭇 다르게 에너지도 부족합니다. 건강하고 균형 잡힌 식단과 위생적인 생활이 필수적입니다. 아이는 성적으로 성숙해져 자신과 반대 성에 이끌리게 됩니다.

세 번째 발달 단계에서 아이는 비판에 아주 민감해집니다. 감정 기복이 심하고 이를 잘 통제할 수 없게 되고, 자신감이 자주 떨어지죠. 아이는 어떤 그룹에 소속되고 싶다는 강한 필요성을 느끼고 또래들과 모이고 닮아갑니다.

외모도 이 시기의 아이들에게 아주 중요한 주제이지요. 아이는 아동기와 성인기 사이에서 갈팡질팡하며 걱정 가득한 시기를 보냅니다. 자신이 정말 누구인지 스스로에게 질문하기도 하죠. 쉽지 않은 이 기간 동안 아이들은 음악, 춤, 글쓰기, 미술과 같은 창조적 활동에 전념하기도 합니다.

청소년은 사회적이고 인문주의적인 탐험가입니다. 아이는 닮고자 하는 사람을 찾고, 자신의 목소리를 세상이 듣게 하고 그 일원이 되기 위하여 사회에 도움이 되고자 합니다. 사회의 축소판이기도 한 또래 집단에서 자기들만의 규칙과 언어를 만들고, 아이들은 권위에 대항하기도 합니다. 이를 통해 아이는 인정과 확신을 경험하기도 하죠.

이 기간 동안에도 아이는 여전히 사랑, 존중과 안전을 필요로 합니다. 가족들로부터 금전적으로나 감정적으로 조금 독립하고 싶어 합니다. 일종의 거리감 형성은 아이의 자신감 형성, 가족 이외의 관계 구축, 가치관 형성(특히 성적 가치관)에 필수적입니다. 성인의 길에 접어들기 위해서 아이는 사회와 역사 속에 자신이 어디에 위치하는지 깨달아야 합니다.

청소년에 의해 자율 운영되는 기숙학교?

마리아 몬테소리는 세 번째 발전 단계를 위한 환경으로 기숙학교를 생각했습니다. 집에서 떨어져있고, 아이들이 단체 생활 및 사회 형성의 기초를 배우고, 자신이 원하는 것이 무엇인지 고민해볼 수 있는 학교 말이죠. 이 곳에서 아이들은 가정 밖에서 독립과 안전을 느끼고, 한계와 지지를 경험할 수 있습니다. 특히 책임감이 필요한 활동을 또래들과 협업하며 해결하는 방법을 습득하게 됩니다.

이는 마치 교육자가 안내하고 지켜보는 가운데 아이들이 운영하는 작은 기업, 또는 작은 농장과 같습니다. 프랑스에는 이러한 학교가 별로 없습니다. 몇몇 중학교가 이 모델에 착안해 만들어졌지만, 기숙사는 없는 형태입니다.

"교육자는 청소년을 항상 존중하시기 바랍니다. 이 아이들의 영혼에는 큰 보석이 숨어있습니다. 이 어린 소년과 소녀들이 바로 우리의 희망이자 미래입니다."   — 마리아 몬테소리. 《어린이에서 청소년으로》

25 | 삶에 큰 그림을 그리는 성숙기: 18~24세

발달의 네 번째 단계는 18세부터 24세까지를 아우릅니다. 갓 어른이 된 청년은 자기 자신과 역량을 믿고, 이제부터 능력을 발휘하며 자신의 행동에 책임을 지게 됩니다.

성숙기의 성인은 좋은 건강 상태를 유지하며, 신체적 또는 정신적으로 큰 변화 없는 안정적인 시기입니다. 지난 단계에서 많은 장애물을 만나지 않았다면, 청년은 안정을 찾고 지적으로나 감정적으로 만개하는 시기를 맞습니다.

이성과 선택의 시기

이 시기부터 청년은 신체적으로 더이상 성장하지 않습니다. 성장을 마친 몸은 시간이 지날수록 그 몸무게나 힘을 달리할 뿐이죠. 이 시기 동안 청년은 자기 자신과 타인을 인식하게 됩니다. 도덕적, 사회적 의식이 생긴 청년은 책임감이라는 중요한 마음을 배우기 시작합니다. 이제는 타인의 시선에서 벗어나 자기 자신이 누구인지, 성격은 어떤지 잘 알게 됩니다.

이 시기는 어떠한 삶을 살아갈지 큰 그림을 그리는 데 이상적인 시기입니다. 직업, 커리어, 우정, 안정적인 감정 등을 아울러서 말이죠. 이제 자신의 선택에 책임을 지고, 잠재력과 한계를 더욱 잘 이해하게 되죠. 이 시기에 적합한 환경은 대학, 자신의 선택에 따른 교육기관이나 자신의 가치와 목적에 맞는 직장입니다. 자신의 환경을 바꿀 준비가 되었으니까요!

26 | 관찰이라는 중요한 교육 도구

> 관찰은 필수적인 규칙입니다. 관찰은 몬테소리 교육 이론의
> 기본이자 아주 중요한 도구입니다. 마리아 몬테소리에게 관찰
> 은 예술 행위이자 일상생활을 통해 얻어지는 능력이었습니다.

몬테소리 박사는 지속적으로 아이들을 과학적으로 관찰하면서 얻은 정보를 연구했습니다. 이는 그녀가 자신의 교육 방식을 공고히 하고 개선하는 데 한몫했죠. 마리아 몬테소리는 아동 개개인이 올바르게 발달할 수 있도록 관찰하는 것이 거의 의무와도 같다고 했습니다. 관찰은 그 어떠한 판단도, 예측도 없이 세부적인 것까지 분석하는 것

을 의미합니다.

관찰이 잘 이루어지면, 아이의 발달을 위해 적합한 활동을 제공하고 아이의 요구사항을 파악할 수 있습니다. 우리가 아이를 더욱 관찰한다면, 아이와 아이가 원하는 것을 더욱 잘 파악하고 준비해줄 수 있습니다. 관찰은 아이를 학교나 집에서 인도하는 데 필수 불가결하죠.

좋은 관찰자가 되기 위한 팁

- 종종 우리는 아이와 충분히 놀아주거나 교류하지 않는다고 생각해 죄책감에 빠집니다. 하지만, 아이가 혼자 도구를 가지고 놀게 놔두는 것은 아주 중요합니다. 아이가 부모님과 선생님을 찾지 않을 때는 더더욱 혼자 놔두는 것이 중요하죠. 오히려 이 순간을 이용해 아이를 조심스레 관찰하고 스스로 무엇인가를 성취할 수 있게 놔둬야 합니다.(물론 위험할 수 있는 순간이나 아이가 너무 스트레스를 받은 상황에는 개입하는 것이 좋습니다.) 가끔은 아이의 끈기에 놀랄 수도 있습니다. 아이는 목표를 달성할 때까지 절대 멈추지 않으려고 하거든요.(뒤집기, 장난감을 잡으러 기어가기, 퍼즐 맞추기, 집짓기 놀이 등) 무언가를 성취했을 때 아이가 기뻐하는 걸 보실 수 있을 거예요!

- 관찰 일기를 쓰세요. 아이를 관찰한 것을 규칙적으로 일기에 쓰세요. 날짜, 시간, 날씨와 학부모님의 그날의 기분을 적는 것으로 시작하세요.

- 가장 중요한 것은 상황을 해석한 것을 적는 것이 아니라 눈 앞에 일어난 모든 일을 객관적으로 적는 것입니다. 이는 처음에 가장 어려울 수 있습니다. 예를 들어 아이가 창문 쪽으로 고개를 돌렸다면, '아이가 창문 가까이에 앉은 새를 바라본다'보다는 '아이가 고개를 왼쪽/오른쪽으로 돌렸다'라고 쓰세요. 사실 우리는 아이가 무엇을 쳐다보는지, 무슨 생각을 하는지 알 수 없습니다. 새를 보는 건지 창문을 보는 건지 알 수 없죠. 개인적인 해석을 배제하세요.

  눈으로 본 것만 단순하게 쓰세요. 관찰을 하면서 바꾸고 싶은 환경이나 아이에게 주고 싶은 학습 재료가 생각나면 적어 놓으세요. 이는 여러분이 아이의 욕구를 이해하고 그에 따라 환경을 적합하게 바꾸는 데 큰 도움을 줄 것입니다.

- 해석이나 판단을 적을 필요가 있다고 생각하면 관찰 내용을 적은 오른편에 칸을 추가하세요.

  관찰 일기를 적으면 아이의 발달을 보다 쉽게 지켜볼 수 있고, 아이의 욕구를 이해하게 되어 자녀를 위한 여러분의 선택에 자신감을 갖게 될 것입니다.

"아이를 관찰하세요. 어디에 있든지, 상황이 어떻든지 간에."
– 마리아 몬테소리, 《어린이는 인간의 미래다 l'Enfant est l'avenir de l'homme》

27 | 아이는 누구나 특별하다

마리아 몬테소리는 아이의 무궁무진한 잠재력을 믿었습니다.
그녀는 반세기에 걸쳐 아이에 대해 과학적으로 관찰하며 아이
가 주변 환경을 자신의 것으로 만들고자 하는 내재적 욕구를
가지고 태어난다는 것을 발견했습니다.

아이는 모든 정보를 흡수하는 능력을 지녔습니다. 예민한 시기 동
안 아이가 품는 인간의 기본적 욕구는 아이가 스스로의 발달을 위해
모든 도구를 사용하도록 만듭니다. 신경과학 연구자들은 뇌가 발달
하는 자극 기간 동안 특히 거울 뉴런이 발달하는 것을 알아냈습니다.
거울 뉴런은 모방 과정, 즉 습득 과정에 필수적인 기능입니다.

우리는 아이의 무한한 잠재력을 믿어야 할 뿐만 아니라 개개인이
유일한 존재라는 것을 알아야 합니다. 아이는 각자의 길을 만들어갑
니다. 불필요한 비교는 접어두고 우리 아이의 세상에서 하나뿐인 성
격을 관찰하세요.

인간의 발달, 습득의 과정, 아이의 다양한 성격과 기질을 공부하
면 각각의 아이들(특히 어린아이)을 받아들이고 존중하는 법을 알게
됩니다.

> "우리는 아이가 스스로 행동하도록 도와야 합니다. 스스로 원하고, 스스로 생각하는 것, 이것이 정신적 존재가 가진 아름다움입니다."
> – 마리아 몬테소리, 《새로운 시대를 위한 교육Éducation pour un nouveau monde》

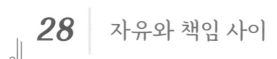

28 | 자유와 책임 사이

> 규율의 부재 혹은 과다는 몬테소리 교육하면 사람들이 종종 떠올리는 특징입니다. 물론 이는 현실과 동떨어진 편견이죠.

몬테소리 교실은 자기 통제를 함양시키기 위해 디자인되었습니다. 각 활동에 쓰이는 수업 도구는 아이 20명당 한 개만 준비되어 있습니다. 이는 아이가 경쟁을 피하고 인내심을 가지도록 하죠. 점점 난이도가 높아지는 활동은 아이가 규율을 준수하도록 합니다.

책임감 있는 행동을 통해 자유를 얻을 수 있다는 것은 몬테소리 철학의 핵심입니다. 규칙을 따름으로써 아이는 더 큰 자유를 얻을 수 있는 것이죠.

간단한 예를 들자면, 이전에 가지고 놀던 장난감을 올바르게 정리해야 아이는 새로운 활동을 선택할 수 있습니다. 몬테소리 교실

은 아이가 일상에서 자기 자신을 통제하는 법과 의지를 배우도록 돕
습니다.

29 | 사회 규범을 받아들이는 3단계

> 아이 개개인은 자신의 문화와 시대를 배우고 적응하도록 태
> 어났습니다. 하지만 우리는 아이에게 해야 하는 것과 해서는
> 안 되는 것에 대해 이미 알고 있을 것이라는 기대를 가지고 있
> 습니다. 우리는 아이가 사회 규범, 즉 받아들여질 수 있는 것
> 과 아닌 것을 익히고 실행하는 데 시간이 필요하다는 것을 잊
> 고는 하죠.

부모로서 아이가 언젠가는 스스로를 통제하는 법을 깨우칠 것이
라고 믿고 계실 것입니다. 하지만 이것은 오랜 시간과 노력이 들어
가는 일입니다.

마리아 몬테소리는 아이에게서 '순종의 3단계'를 발견하고 다음과
같이 정의했습니다. 이것은 아이가 가정, 교실, 더 나아가 사회의 규
칙을 이해하기 전에 거쳐가는 과정입니다.

이 세 가지 단계를 이해하게 되면 아이의 행동을 더욱 잘 이해하고
아이를 인도할 수 있게 됩니다.

순종의 3단계(아이의 관점에서)

1. **처음에 저는 규율이 뭔지 전혀 몰라요.** 저는 제가 어떻게 할 수 없는 삶이라는 커다란 힘에 이끌려요. 저는 전부 다 탐험하고, 만지고, 맛보고, 느껴야 하죠. 제 안에 있는 무언가가 이 모든 것을 하게 해요. 저도 어쩔 수 없어요.

2. **이후에 저는 어떤 것이 받아들여질 수 있고 아닌지 알아가기 시작해요.** 그동안 저는 자신감을 키우고 사람들이 저에게 하라고 하는 것을 하면서 수많은 능력을 얻었어요. 하지만 저는 아직도 제 의지를 다듬어가고 있고, 여전히 통제를 잘 못해요. 저는 충동적으로 행동하는 것을 줄이고 감정을 다스리려고 노력해요. 저는 규칙을 알고, 누군가가 그것을 따르지 않을 때 지적할 수 있어요. 하지만 아직도 저를 보려면 인내심이 필요하실 거예요. 제가 좀 더 자라고, 저 자신을 통제하고 올바르게 제 의지를 사용할 수 있도록 제한된 선택권을 주세요.

3. **이제 저는 저 자신을 통제할 수 있고 정확한 범위와 한계가 주어졌을 때 즐거움과 안정감을 느껴요.** 저는 이제 즐겁게 순응할 수 있지요. 이건 다른 사람들이 어떻게 할 수 있는 게 아니에요. 진정한 순종은 내면에서 오는 것이죠. 저 자신을 통제하고 타인과 공감하고 인내심을 가지면서 제가 속한 사회에 기여할 때 저는 아주 행복하답니다.

아이가 자신의 의지, 인지 능력, 경험을 충분히 단련했을 때가 바로 세 번째 단계에 도달했다고 할 수 있습니다.

"순종은 '좋은 의도'만 가지고는 안됩니다. 어느 정도 요령이 생기고 성숙해져야 질서에 순응할 수 있습니다. 결과적으로 순종은 생존 조건과 발달에 비교하여 고려되어야 하죠. 만약 아이가 자신의 행동을 책임지지 않고 의지를 다루는 데 미숙하다면 다른 이의 의지에 순종하는 데는 더욱 어려움을 겪겠죠."
— 마리아 몬테소리, 《흡수하는 정신》

30 │ 타고난 선한 마음

모든 아이들은 필수적이고 고유하며, 공통적인 욕구를 가지고 있습니다. 욕구가 충족되면 아이들은 행복해지고 진짜 모습을 보여주죠.

몬테소리 박사는 연구를 통해 아이는 태생적으로 행복하고 열정적이며, 너그러우며, 집중할 줄 알고, 타인에게 관심을 가지는 존재임을 밝혀냈습니다.

중요한 믿음

아이들은 각자의 발달 단계에 맞추어 성장하지만, 꼭 지켜져야 하는 학습 리듬이 있습니다. 아이가 관심 있어 하는 분야의 자율성과 한계를 제공해주고 아이가 원하는 만큼 활동을 반복하게 놔두면, 우리는 아이에게서 무궁무진한 가능성을 볼 수 있습니다. 우리는 이것을 '표준화된 유아기'라고 부릅니다.

몬테소리 교실을 관찰하다 보면 집중한 아이들이 보여주는 조화로움과 평안한 분위기에 종종 놀라기도 하지요.

신경과학과
몬테소리 학습법의 관계

몬테소리 박사의 관찰과 이론은 수많은 신경과학계 논문에 의해 입증됐습니다.

- **뇌의 도구, 손**: 손은 뇌까지 가는 정보를 모으기 위한 중요한 도구입니다. 손은 학습에 아주 필수적인 역할을 하는 거죠. 몬테소리 교육법에 따르면, 단순한 관찰보다 실습이 더 나은 결과를 가져옵니다. 손을 활용하는 감각 활동은 촉각과 손가락의 능력을 발달시키고, 미세 운동기관 단련을 돕습니다.

- **예민한 시기**: 최근에 신경과학 연구가들은 뇌의 올바른 발달을 위해 특정 기간에 자극을 증가시키는 것이 필수적이라고 밝혔습니다.

- **뉴런 네트워크**: 아이는 능력을 습득하기 위해 자신도 모르게 자연스럽게 학습합니다. 유아기(0~6세) 때의 반복 활동처럼, 특정 활동은 아이의 발달을 촉진시키죠. 반복은 몬테소리 교육의 중요한 도구입니다. 감각 활동은 3~6세 사이 아이를 발달시키

는 또 다른 방법입니다.

- **거울 뉴런**: 거울 뉴런은 개인이 어떤 행동을 하거나 다른 사람이 그 행동을 하는 것을 관찰할 때 활성화됩니다. 이는 마리아 몬 테소리의 '흡수 정신'과 완전히 같은 개념입니다. 몬테소리 학교 가 제공하는 학습법, '준비된 교실', 교재, 혼합 교실, 반복 수업 은 아이의 학습을 위한 모방 능력에 기반한 것입니다.

- **추진력**: 최근 연구에서 추진력 적응, 사고의 유연성과 주의력 발 달에 중요한 능력이라고 밝혀진 바 있습니다. 이외에도 몬테소 리 교실에서 아이는 추진력과 관련된 다양한 역량을 배울 수 있 습니다.

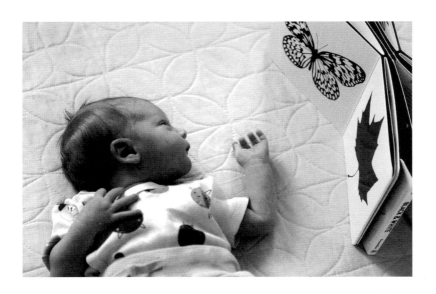

32 | 왜 같은 행동을 반복하는가

> 인간의 뇌는 아직도 풀리지 않은 수수께끼투성이인, 아주 복잡하고도 놀라운 기관입니다. 다른 어떤 신체 기관보다 강력한 뇌는 인생 전체에 걸쳐 배우는 능력을 가지고 있습니다. 이 능력은 특히 어린아이에게서 눈에 띄게 나타나죠. 뇌는 사람의 몸무게의 2퍼센트밖에 차지하지 않지만 우리가 생산하는 에너지의 20퍼센트나 사용한답니다!

뇌를 더욱 자세히 살펴봅시다

뉴런이란?

다른 기관처럼 우리의 뇌 또한 세포로 이루어져있습니다. 하지만 뇌의 세포는 기능 면에서나 모양에서나 특이합니다.(다른 세포처럼 동그랗고 촘촘하지 않습니다. 뇌의 세포는 나무처럼 무수한 줄기들을 가지고 뻗어 있습니다.) 우리는 이것을 뉴런이라고 부르죠.

인간의 뇌는 860억 개에서 1000억 개 정도의 뉴런을 태어날 때부터 가지고 있다고 합니다. 하지만 뉴런은 마법으로 생기는 것이 아닙니다. 태아기 동안 계속해서 세포분열이 일어난 결과이지요.

시냅스란?

시냅스는 뉴런 두 개를 연결 짓는 물질입니다. 사실 뉴런은 분리된 세포이지요. 앞서 언급했던 1000억 개 뉴런의 절반 미만은 태어날 때 그물망을 지어 형성됩니다. 나머지는 성장하면서 형성됩니다.

새로운 경험과 학습은 뉴런을 형성하고 이는 시냅스에 의해 연결됩니다. 무수한 결합은 흡사 도로망과 같은 뉴런 조직을 형성합니다. 이는 우리 뇌의 뼈대가 되지요.

뉴런 하나 당 천 개에서 만 개 사이의 시냅스가 분포합니다. 아이의 경우 뇌는 매초마다 변합니다. 200만 개의 시냅스가 매분 형성됩니다. 이는 바로 뇌가소성이죠.

뇌가소성

인생을 살아가면서 마주하는 환경적 변화나 문제에 잘 대응하기 위해 뇌가 그 구조를 바꾸기도 합니다. 이 능력을 뇌가소성이라고 하죠. 아이의 뇌는 끊임없이 발달 중이기 때문에 뇌가소성은 아이에게 매우 중요한 능력입니다. 성인이 되어서도 뇌가소성은 지속됩니다. 우리의 뇌는 평생에 걸쳐 배우기 때문이죠. 하지만 이 능력은 15세에서 20세 사이 까지만 가장 활발하답니다.

시냅스는 사용될 때마다 강해집니다.

어떤 경험이 반복될 때마다 시냅스는 더욱 강해지고, 더욱 빨라지며 효율적이게 됩니다. 바로 이 때문에 모든 나이에서, 특히 어린아이에게 반복적 행동이 학습에 아주 중요합니다. 우리는 반복되는 경험에 익숙해지고 더욱 쉬워집니다. 주변 환경에 따라 습득한 정보로 변형되기도 하죠. 이러한 과정을 통해 우리는 더욱 촘촘한 시냅스 망을 새로이 형성하게 됩니다. **새로운 학습과 반복 때마다 뇌는 그 구조를 바꿉니다.** 정말 신기한 현상이 아닐 수 없죠. 바로 이러한 이유로 마리아 몬테소리는 아이를 방해하지 않는 것이 매우 중요하다고 했습니다. 신경과학자들이 밝혀내기도 전에 말이죠. 아이가 무엇인가에 집중하고 똑같은 행동을 몇 번씩이나 한다면, 아이의 뇌는 활발하게 발달 중인 것입니다!

어렸을 때만큼은 아니지만 뇌가소성이 성인에게도 여전히 존재한다는 것을 기억하십시오. 그렇기에 부모님들도 아이와의 접촉을 통해 새로운 뉴런과 시냅스를 형성합니다. 어른인 우리도 실수를 하고 반복과 경험을 통해 배웁니다. 하지만 우리의 뇌 구조를 바꾸기 위해서는 시간이 필요하죠.

자녀를 제대로 관찰하고 인도하기 위해 새로운 교육법을 적용하고 싶으면, 부모님들도 많이 읽고 배운 것을 실행하면서 새로운 뉴런 구조를 만들어야 합니다. 시간이 지남에 따라 새로 형성된 뇌세포는 안정화되고, 우리가 배운 것을 더 자연스럽고 쉽게 삶에 적용할 수 있도록 할 것입니다.

자신에게도 너그러워지세요. 모든 것은 시간이 지남에 따라 나아지기 마련입니다. 모성애나 부성애도 마찬가지죠!

33 | 습관이 뇌를 형성한다

> 앞서 잠깐 살펴본 뇌가소성에 대해 다시 얘기해봅시다. 생후 5
> 세까지는 모든 경험, 타인과의 모든 접촉에 의해 시냅스가 아
> 주 놀라운 속도로 만들어집니다.

위와 같은 이유로 아이는 모든 것을 탐험하고, 만지고, 보고, 듣
고 싶어 하는 것입니다. 바로 이 시기에 아이는 특별한 노력을 하지
않고도 자신도 모르는 새 가장 빨리, 가장 자연스럽게 새로운 지식
을 습득합니다.

탐색하고 실험하면서 아이는 시냅스를 만듭니다. 이뿐만 아니라
거울 뉴런을 활성화시켜 상황, 태도, 제스처, 언어를 관찰하는 동안
에도 시냅스는 형성됩니다.

'거울 뉴런'의 중요성

거울 뉴런은 1990년대 이탈리아 과학자 자코모 리촐라띠Giacomo
Rizzolatti에 의해 발견되었습니다. 그는 실험을 통해 한 원숭이가 다른

원숭이가 보는 앞에서 어떠한 행동을 할 때, 두 원숭이의 뇌에서 같은 부분이 활성화되는 것을 알아냈습니다. 마치 관찰하는 원숭이도 그 행동을 하는 것처럼 말이죠.

거울 뉴런 덕분에 아이들은 우리의 언어와 비언어적 표현, 제스처, 행동 그리고 태도를 모방을 통해 배울 수 있습니다. 이는 바로 마리아 몬테소리가 주장한 흡수 정신과 정확히 일치합니다. 아이는 모든 것을 흡수하지요!

어린아이 뇌의 발육

이리하여 어린아이의 뇌는 태어난 지 몇 년 만에 약 1000조 개의 시냅스 연결망을 형성합니다. 이에 반해 어른은 많아야 300조 개밖에 없습니다. 이는 '시냅스 가지치기'라는 현상 때문입니다. 아이가 커가면서 가장 많이 사용하는 언어와 행동에 관련된 시냅스는 더욱 강해지고, 아이는 그 영역에서 전문가가 됩니다. 반면, 아이의 성장기 동안 사용되지 않은 시냅스는 점차적으로 없어집니다. 이리하여 우리의 뇌는 긍정적인 경험이든, 부정적인 경험이든 우리가 가장 자주 마주한 경험을 간직합니다.

어른은 본보기입니다

우리는 아이들에게 본보기와 같습니다. 아이와 함께 하는 모든 순간들, 모든 경험들이 쌓이고 반복되면 아이의 시냅스는 가지치기 과정을 거쳐 강해집니다. 따라서 아이에게 우리도 하지 않는 행동이나, 경험하지도 않은 것을 기대하는 것은 말이 되지 않습니다. 부모, 가까운 사람들, 유모, 유치원 선생님들과 같이 아이와 많은 시간을 함께 하는 사람은 아이의 두뇌 발달에 아주 중요한 역할을 하고 있는 것입니다.

몬테소리 교실에서는 '친절과 정중함'을 강조하고 있습니다. 교육자는 아이에게 비치는 자신의 자세, 언어, 다른 사람을 대하는 태도가 롤 모델과 같아야 합니다. 아이의 흡수 정신은 모든 것을 기억하기 때문이죠.

성인이 되면 우리는 충동을 자제하고 자신의 일을 계획할 줄
알며, 지시나 규율을 이해하고 이를 지키며, 변화에 적응하는
것이 얼마나 중요한지 알고 있습니다. 회사에서도, 가정에서
도, 사회생활에서도 모두 적용되는 것입니다. 하지만 이러한
모든 역량이 날 때부터 생기는 것이 아닙니다. 어린 시절부터
청소년기까지 배우며 터득해야 하는 역량이죠. 이는 '행동력'
이라고 하는 인지적 과정입니다.

행동력은 우리의 행동, 생각과 감정을 통제하는 능력입니다. 이는
다른 모든 인지 능력(예를 들면 언어나 움직임)을 통괄합니다. 각각
의 상황에 적절한 답을 주기 위해 정보를 받아들이고 처리하는 관제
탑 같은 역할을 하죠.

주요 네 가지 행동력

● **인지적 유연성**: 한 생각에서 다른 생각으로 넘어갈 수 있는 능력을
말합니다. 행동의 유연성도 포함되죠. 즉, 상황의 변화에 적응
할 수 있는지를 말합니다.

- 기억력: 아이가 주변 환경에서 느낀 정보를 저장하고 처리하는 능력을 말합니다. 정보를 자기 것으로 만드는 과정이죠.
- 통제력: 충동성을 억제하고 참을성 있게 기다리며 행동하기 전에 생각하는 능력을 말합니다. 또한 산만해지지 않고 집중할 수 있는지를 말하죠.
- 계획성: 일의 경중을 따져 먼저 해야 하는 일이 무엇인지 계획하는 능력입니다. 구조적이고 정돈된 생각을 할 수 있으며, 시간을 잘 쓰며 예측할 수 있습니다.

전두엽 피질의 역할과 성숙

이마 뒤에 위치한 전두엽 피질은 행동력 발달에 아주 중요한 역할을 합니다. 전두엽 피질은 뇌의 다른 모든 부분과 연결되고, 아이가 더욱더 많은 경험을 함에 따라 견고해지며 그 능력이 다양해집니다. 뇌는 뒷부분에서 앞부분으로 발달하는 것을 고려하면 전두엽 피질이 발달하는 데 시간이 다소 걸린다는 것을 이해하실 겁니다.(좀 더 자세히 말하면 몇 년이 걸립니다.) 이러한 이유로 두 살 아이는 갑작스러운 환경의 변화에 쉽게 적응할 수 없는 것이죠. 자신의 순서를 잘 기다리지 못하거나 다른 아이와 장난감을 나누려고 하지 않습니다. 이것은 아이가 원하지 않아서가 아니라 뇌가 충분히 성숙하지 않았기 때문입니다. 어린아이의 행동력은 성인, 심지어 어린이와 비교해도 훨씬 덜 발달해 있습니다. 이러한 이유로 아주 어린아이에게서 변덕스러움을 자주 발견할 수 있습니다. 하지만 이는 아이가 변덕스러워서라기보다 뇌가 아직 충분히 발달하지 않았기 때문이죠!

자제력은 시간이 걸리는 과정입니다

행동력의 발달은 자립심, 감정 조절, 공감, 집중력, 더 나아가 조화로운 삶을 향한 긴 여정입니다. 이 발달을 촉진하려면 일상생활에서 아이가 스스로 무엇인가를 할 수 있도록 놔두십시오. 스스로 집중하며, 행동을 제어하고 조금씩 더 어려운 문제에 대한 해결책을 찾으면서 아이는 행동력을 길러갈 것입니다.

집에서 할 수 있는 아주 간단한 활동으로도 행동력을 기를 수 있습니다. 우리에겐 너무나도 당연한 것이라 아이에게 학습이 될 수 있다는 것을 잊곤 하는 활동이죠. 스스로 옷 입기, 신발 신기, 손 닦기, 귤 까고 맛보기, 목이 마를 때 컵에 물 따르기와 같은 일들 말이죠. 이러한 이유로 몬테소리 교실에서는 아이들에게 스스로 많은 활동을 하도록 장려합니다.

하지만 아이의 현재 능력에 맞춰 단계별로 접근하는 것이 바람직합니다. 예를 들면, 18개월의 아이가 하루 만에 혼자 바지를 벗는 것은 기대하지 마세요. 아이의 바지를 내려주며 벗는 법을 차근차근 알려주세요. 처음에는 바지를 조금 내릴 수 있을 것이고, 나중에는 완전히 스스로 바지 벗는 법을 터득할 것입니다. 이 사이에 아이의 뉴런 조직은 활발하게 형성되고 강화되겠죠!

가정 밖에서의
몬테소리 교육

몬테소리 학교는 전 세계에 퍼져있습니다. 이
들은 똑같은 교육 방식, 똑같은 교재, 가장 중
요한 똑같은 철학과 공통의 목적을 가지고 있
습니다. 바로 아이가 자연스럽게 발달하도록 돕
는 것이죠.

35 | 아기도 가능한 몬테소리 학교

> '아이는 유일무이한 존재입니다. 아이를 따라주세요'라는 몬 테소리 학교의 모토 기억나시나요? 아이의 욕구를 충족시키 고 신체적, 지적, 감정적 발달을 촉진하기 위해 준비된 환경을 마련해주어야 합니다.

몬테소리 교육법에 따르면 가정 밖에서도 아이를 위한 환경이 조 성될 수 있습니다.

- 니도(이탈리아어로는 nid)는 12주 이후의 신생아를 위해 만들어진 공간입니다. 아이가 걸을 수 있을 때까지 니도에 다닐 수 있습니 다. 이곳에서는 아이가 움직일 수 있도록 간단한 도구를 배치해 놓고, 감각 기관을 자극하기 위해 모빌이 설치되어 있습니다. 또한 손의 발달을 위해 자연에서 온 장난감을 배치해 놓았습니 다. 이 모든 것이 어른들의 사랑과 관심으로 준비되어야 하지 요. 이 공간은 갓난아기가 자유롭게 움직이고 심리적으로 잘 발 달하기 위한 이상적인 공간입니다.

- 어린이집은 걷기 시작한 아이의 욕구를 채워줄 것입니다. 걷는 방

법을 터득한 아이는 이제 평행 감각을 다듬고, 손으로 일하는 법을 배우고 자신이 걸어 다닐 수 있는 공간을 탐험할 수 있게 됩니다. 이때부터 아이는 언어와 예절을 배우기 시작하고, 화장실 사용법을 익히며 위생적인 생활에 대해 알아갑니다.

"아이의 성장을 돕기 위해서 우리는 아이가 자유롭게 자랄 수 있는 환경을 조성해줘야 합니다. 자아를 발견하는 시기에 있는 아이를 위해 우리는 그 문을 열어 주기만 하면 됩니다."   – 마리아 몬테소리, 《어린이의 비밀》

36 | 프랑스 몬테소리 학교의 교육과정

집과 니도의 잘 준비된 학습 환경에서 아이들은 몬테소리 교육의 중요한 기초를 경험할 수 있습니다.

어린이집(또는 까사[1])은 30개월부터 6세까지 아이들을 맡는 공간입니다. 이 시기의 아이들은 기본적인 언어를 습득했고, 성숙한 모습과 독립심을 보이며 혼자 화장실을 갈 수 있어야 합니다. 아이들은 대개 이 환경에서 3년을 머뭅니다. 발달 과정에 맞는 교재와 장난감을 가지고 놀면서 아이들은 읽고 쓰는 법과 산술을 배우게 됩니다. 또한, 다채로운 감각의 자극을 통해 아이들은 감각 기관이 발달하고, 자연과 교감하며 지리와 과학에 한 걸음 다가갑니다.

첫 번째 초등 교육과정은 6세부터 9세까지 아이들이 어린이집에서 배운 개념을 구체화하기 위해 만들어졌습니다. 넓은 의미로 이제 아이들은 철학을 다루게 됩니다. 이 환경에서 교육자는 아이들에게 '우주의 열쇠'를 쥐여주는 것이죠.

---

1. 까사(casa)는 이탈리아어로 '집'이라는 뜻입니다.

두 번째 초등 교육과정은 9세부터 12세까지 아이들이 다닐 수 있습니다. 이 시기의 아이들은 지식과 자신의 관심 분야를 확장하면서 '우주적 교육'을 받게 됩니다.

12세부터 18세까지의 청소년을 위한 몬테소리 교육과정은 아이들의 인성 발달을 돕고, 협업의 기초를 배우며, 자신을 둘러싼 사회에 어떻게 기여할 수 있는지 가르칩니다. 이 프로그램은 가능한 가족들과 멀리 떨어져 진행됩니다.

37 인생의 방향을 잡기 위한 우주적 교육

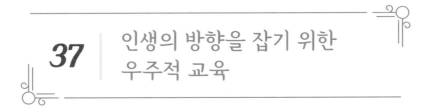

어린이집에서 더이상 배울 것이 없다고 판단되고 아이가 두 번째 발달 단계에 들어섰다면, 아이는 첫 번째 초등 교육과정을 밟을 준비가 된 것입니다.

마리아 몬테소리는 이 프로그램을 '우주적 교육'이라고 불렀습니다. 아이는 이 교육과정을 통해 만물이 연결된 자신이 속한 우주를 이해하게 됩니다. 마리아 몬테소리는 다섯 가지 '위대한 이야기'로 아이의 호기심과 배우는 즐거움을 자극합니다.

> "우주적 계획을 아이에게 가르치는 방법 중 하나는 지구의 수많은 변형 과
> 정을 이야기해주는 것이죠. 물이 생명을 창조했던 시기부터요."
>
> – 마리아 몬테소리, 《인간 잠재성 훈련Éduquer le potentiel humain》

위대한 이야기는 풍부하고 다채로운 어휘로 쓰였습니다. 현실적이
기도 하면서 신비롭기 때문에 6세가 지난 아이의 무궁무진한 상상력
과 사고력에 안성맞춤이지요.

이 이야기는 우주에 관한 큰 이미지를 심어주는 서로 연결된 이야
기로 구성되어 있습니다. 아이가 필수적인 학습을 시작하는 순간부
터 이 이야기를 학습한다면, 아이는 자신이 관심이 가는 주제를 발견
할 것이며 이후에 더 깊게 탐구할 수 있는 계기가 될 것입니다. 위대
한 이야기의 처음 세 장은 우주와 행성에 관한 이야기이며, 나머지 두
장은 인간의 출현에 관한 것입니다.

다섯 가지 위대한 이야기

1. 우주와 지구의 형성

첫 번째 이야기는 앞으로 나올 주제와 6년의 초등 과정 동안 배
울 것을 소개합니다. 이야기는 우주의 형성으로 시작해 지구의
형성으로 마무리됩니다. 이 이야기는 우주가 생기기 전의 세계
를 상상하게 하고, 인간의 삶에 대한 깊은 질문과 공동체에 관

해 생각해보게 합니다. 첫 번째 이야기는 신학적이자 동시에 과학적이기도 하고, 천문학, 물리, 화학, 지질학, 지리학과 철학을 아이에게 처음으로 소개합니다.

2. 생물의 역사

두 번째 이야기에서는 생물의 다양성과 지구에 사는 생명체의 역할이 중요하게 다루어집니다. 이를 통해 우리는 자연의 법칙을 따르는 지구, 물, 공기에 대해 알게 됩니다. 또한, 어떻게 생명체가 지구에 생겨나 그 복잡성을 형성하고 인간이라는 존재가 만들어졌는지도 서술되어 있습니다. 두 번째 이야기의 마지막에는 지구가 만들어진 이후 얼마나 다양한 형태의 생물이 진화해 왔는지 표가 나와 있습니다. 이 장을 통해 생물학, 동물학, 식물학, 자연사와 생태학에 눈뜨게 되죠.

3. 인간의 역사

세 번째 이야기는 인간을 동물과 다른 존재로 만드는 지능이나 수작업 같은 인간의 특성에 관한 것입니다. 이 이야기를 통해 인류학이나 역사, 사회학을 접할 수 있습니다.

4. 문자의 역사

이 장은 선사시대의 회화 작품부터 아이의 글쓰기까지 문자의 발전과 그 놀라운 능력에 관해 이야기합니다. 문자는 거리나 시간에 구애받지 않고 사람들이 의사소통할 수 있도록 합니다. 이 이야기를 통해 언어, 예술, 창작과 같은 학문을 맛볼 수 있습니다.

5. 수학의 역사

마지막 장은 숫자와 수학의 기원, 인류의 문명이 새로운 것을 탐험하고 발명하기 위해 이를 사용한 방식에 관한 이야기입니다. 이 이야기를 통해 새로이 역사를 배우고, 수학과 기하학을 접할 수 있습니다.

위대한 이야기는 1년에 한두 번 정도 소개됩니다. 아이들은 이 시간을 즐거워하고 새로운 방식으로 다시 접하는 것도 좋아합니다. 아이들은 단순히 세계와 문명의 기원을 배우는 것을 넘어 우리가 지금 살아가는 세계에 셀 수 없는 사람들이 기여한 것에 일종의 경이로움을 느끼게 됩니다. 또한 이를 통해 아이들은 자연의 완벽한 균형, 각각의 생명체와 식물이 지구에 하는 역할, 즉 우리 지구의 일체성과 조화를 배울 것입니다. 아이에게 우리의 행동이 지구상의 다른 생명체에게 영향을 미친다는 것을 깨우치는 것은 매우 중요합니다. 자연이 이루는 조화가 오늘날 얼마나 깨지기 쉬운 것인지 알려주는 것도 말이지요. 한 마디로, 아이들은 이 교육을 통해 환경에 신경을 쓰고 자신도 그 균형을 이루는 일원임을 알게 됩니다.

"교육을 성공하는 비결은 아이의 지능이 상상력이라는 햇살 아래 씨앗을 뿌린 비옥한 땅과 같다고 생각하는 것입니다. 우리의 교육 방식은 아이가 어떤 개념을 이해하게 하는 것에 그치지 않습니다. 그것을 외우게 하지도 않죠. 저희는 아이가 꿈틀거리는 열정을 끌어내기 위해 상상력을 최대한 활용하도록 돕습니다."

— 마리아 몬테소리, 《인간 잠재성 훈련》

38 | 아이가 주체가 되는 몬테소리 교실

아이는 스스로 배우고 발달하고자 하는 욕구가 있습니다. 몬테소리 교실은 아이들의 필요에 따라 자유롭게 활동을 선택할 수 있도록 고안되었습니다.

독특한 분위기와 구성

몬테소리 교실(환경)은 독특한 외관과 분위기를 하고 있습니다. 전통적인 교실에서는 선생님이 같은 나이로 이루어진 아이들로 그룹을 만들고 그날의 수업을 정합니다. 이와 달리 몬테소리 교실에서는 아이가 교육을 주도합니다. 아이, 준비된 교실, 성인의 삼각관계를 상상해보세요. 아이는 자신에게 최적화된 관계도에서 맨 위를 차지하며, 필요에 따라 선생님 또는 준비된 교실과 상호작용을 합니다. 성인은 단지 안내자일 뿐이며 아래의 세 가지 역할밖에 없습니다.

1. 아이를 잘 관찰하세요.
2. '기회의 창'을 잘 발견하세요. 기회의 창이란 아이가 다음 단계 학습에 준비된 것 같을 때를 말합니다.
3. 논리적으로 수업 순서를 따르면서 새로운 수업 때마다 아이의 발달을 위해 준비된 학습 도구를 시범으로 보여주세요.

교실과 수업 도구는 아이의 나이에 따라 구체적으로 정돈되어 있습니다. 아이들은 선생님이 일전에 보여준 활동에 한해 자신이 하고 싶은 활동을 자유롭게 선택할 수 있습니다.

교실에는 나이가 다른 아이들이 섞여 있기 때문에 서로가 서로를 통해 배울 수 있습니다. 아이는 선생님이 보여줬던 것을 토대로 한 활동을 다른 아이에게 알려줄 수 있고, 다른 아이를 방해하지 않으면서 관찰할 수도 있습니다.

몬테소리 교실은 절대적인 자유만이 있는 곳이 아닙니다. 이는 몬테소리 교육에 대해 사람들이 자주 가지는 편견이기도 합니다. 이와 달리 교실에는 지켜야 하는 간단명료한 규칙이 있습니다.

39 | 미리 배우는 사회생활

> 몬테소리 교실에서는 아이를 나이로 구분하지 않고 발달 단계
> 에 따라 구분합니다. 가정에서 아이들이 형제자매 관계를 배
> 우는 것처럼, 몬테소리 교실은 아이의 네 가지 발달 단계를 지
> 키며 구성되었습니다.

형들과 누나들과 협업하기

어린아이들은 자기들보다 나이가 많은 형이나 누나를 관찰하면서
자신이 다음에 하게 될 활동에 더욱 관심을 보이고 동기부여를 합니
다. 교육자와의 신뢰 관계도 물론 필수적이지만, 이러한 관계는 나이
많은 아이들과도 형성됩니다.

나이가 좀 더 많은 아이들은 배운 수업을 동생들에게 알려주면서
배운 것을 심화할 수 있습니다. 다른 사람에게 배운 것을 설명해 줄
수 있을 때 비로소 제대로 이해한 것임을 알고 계실 겁니다.

아이가 어린이집에 입학하면 각 교육과정을 3년씩 밟게 됩니다.
다른 나이대의 아이도 섞여있기 때문에 아이들은 경쟁을 하는 대신

협동을 하게 됩니다. 이러한 협동심은 교실에 평화를 가져오고, 아이들은 사회생활에 필요한 예절을 습득하게 됩니다.

40 | 너그러운 관찰자이자 교육자

다른 학교에서와 달리, 몬테소리 학교에서 성인은 선생님이 아니라 교육자로 불립니다.

너그러운 관찰자인 몬테소리의 교육자

교육자는 아이와 준비된 교실의 연결 고리입니다. 아이들과 완전히 조화를 이루려면 교육자 또는 지도자는 아이들의 지적 교육을 돕고 이끄는 데 헌신해야 합니다.

교육자는 아이들의 중요한 순간에 기회의 창을 포착할 수 있어야 합니다. 이를 위해 아이들 개개인의 교육에 필요한 도움을 줄 수 있는 과학적 관찰자가 되는 법을 배우게 됩니다. 아이는 배우는 과정에 있기 때문에 몬테소리 교육자는 아이의 욕구, 성격과 기대를 파악하기 위해 많은 시간을 할애해야 합니다. 교육자는 각각의 아이가 필요로 하는 것과 발달 단계를 포착하고, 그에 걸맞은 교육 자료를 제공할 수 있어야 합니다.

몬테소리 교육자는 한 발짝 물러난 위치에 있습니다. 교육 자료를 제공하면 더이상 아이에게 답을 주지 않고 교육 자료를 만지지도 않습니다. 아이가 추가적인 도움을 정확히 요청할 때만 개입하죠.

끝으로, 너그러운 관찰자 역할을 하는 교육자는 아이를 격려하고 실수를 말하지 않습니다.(모든 자료는 아이가 스스로 실수를 바로잡을 수 있도록 만들어져 있습니다.) 이를 통해 아이는 자신감을 기르게 되죠.

"대개는 물건을 어떻게 사용하는지 보여주는 것만으로 충분합니다. 하지만 각기 다른 자료의 용도를 아이에게 설명하고 그것을 사용해보도록 유도 해야할 때, 설명은 최대한 간결해야 합니다."

– 마리아 몬테소리,《과학적 교육학 Pédagogie scientifique》

41 | 자유롭지만 계산된
정확한 규칙

아이들이 하고 싶은 대로 하는 학교.
아이 개개인의 리듬과 성격을 존중한다는 이유로 몬테소리 교육에 대한 위의 편견은 널리 퍼져있습니다. 하지만 몬테소리 교육은 계산되고 정확한 규칙을 적용합니다.

선택의 자유의 진짜 의미

발달 단계에 맞춰 준비된 교실에서는 아이에게 적절한 학습 도구를 가지고 수업이 개인적으로 또는 작은 그룹 단위로 진행됩니다. 수업은 한치의 오차도 없이 논리적이고 순서대로 소개되며, 교육자들은 항상 다음 수업을 고려하여 아이에게 최적의 수업을 골라줍니다.

발달 단계에 맞는 활동을 소개한 순간부터, 아이는 자유롭게 활동을 고르고 원하는 만큼 했던 것을 반복할 수 있습니다. 그리하다 보면 아이는 다음 단계 수업에 준비되어 있을 것입니다.

이러한 방식은 전혀 교실을 뒤죽박죽으로 만들지 않습니다. 오히려 그 반대이지요. 교육자에게 소개받았던 이전의 모든 활동 중에서 자신이 원하는 것을 고르기 때문에 아이들은 집중력을 유지할 수 있습니다.

42 | 아이는 움직이고 싶어 한다

{ 하루 종일 자리에 앉아 있어야 하는 전통적인 교육기관과 달리, 몬테소리 교실에서 아이는 다른 아이를 방해하지 않는 선에서 자유롭게 움직일 수 있습니다. }

책상과 의자는 아이들의 발달에 최적화되어 만들어졌습니다. 아이들은 책상에 앉아 있거나 매트 위에 앉아 있을 수 있습니다. 몬테소리 매트는 아이의 활동 영역을 확장하는 동시에 다른 사람의 공간을 침범하지 않도록 고안되었습니다. 아이는 다른 사람들이 집중할 때 이를 존중하는 법을 배우게 되죠. 이를 통해 아이는 질서와 집중력을 유지하는 법을 깨우칩니다.

움직이는 것은 뉴런 구조 발달에 도움을 줍니다. 몬테소리의 수업 일부에는 아이가 수업 시간에 소개된 도구를 찾아다니는 활동이 있습니다. 이는 교육자와 아이가 역동적으로 움직이게 하며, 아이의 항상 움직이고 싶어 하는 욕구를 채워줍니다.

3세부터 6세 아이들 교실에서는 평형감각을 익히기 위해 혼자 또는 그룹으로 선 위를 걷는 주기적인 활동이 있습니다.

니도(어린이집)에서 움직임은 아이의 발달에 아주 이로운 요소로 규정되어, 움직임을 제한하는 것은 성인에게만 적용되는 규칙입니다. 그렇다고 해서 교실에서 뛰어다니는 것은 안 됩니다. 반대로, 아이들에게 어떻게 조심스럽게, 다른 사람들을 방해하지 않으며 걷는지 가르쳐주죠. 유아반(2세~4세)에서는 잠든 아기를 데려와 조용히 하는 연습을 합니다. 몬테소리 박사에 의해 고안된 이 활동은 아이들이 침착하게 있는 법을 배울 수 있습니다.

43 | 방해받지 않아야 집중력이 자란다

> 집중할 때 우리의 뇌는 아주 활발해집니다. 이때는 매우 상상력이 풍부해지고 생산적이게 되죠. 만족스러운 집중 상태를 유지하기 위해서 우리는 유혹을 참고 이를 유지하기 위해 아주 노력합니다.

방해받지 않는 환경

어떤 활동에 몰입한 아이에게 굳이 간섭할 필요가 있을까요? 몬테소리 교실은 방해받지 않는 환경이 아이가 자유롭게 활동을 선택하고 이를 원하는 만큼 반복하거나, 활동을 바꾸는 데 있어서 필수적이라고 여깁니다.

아이의 집중을 존중하는 것은 두뇌 활동 발달에 이롭습니다. 또한, 집중력을 방해하는 것으로 가득찬 현대사회에서, 어렸을 때부터 집중하는 법을 배우는 것은 아주 중요합니다. 물론 몬테소리 교실에서는 아이 개개인의 상황을 고려해 집중력을 교육합니다. 아이가 지적 활동을 잠깐 중단하거나 긴장을 풀고 싶어 할 때, 언제든지 친구들과 조용히 이야기하고, 교실 밖에 나가고, 꽃에 물을 주고, 화장실에 가거나 간식을 먹을 수 있습니다. 시간표는 정해진 시간에 정해진 활동을 해야 하지만, 집중 기간은 아이들이 흥미로워하는 활동을 더욱 깊이 파고들 수 있습니다.

44 | 세상의 열쇠: 현실지각

몬테소리 교육학에 따르면, 6세 이전의 아이들은 세상에 대한 기본적인 개념을 배웁니다. 어른들은 아이들에게 '세상의 열쇠'를 건네야 합니다. 아이들의 상상력을 방해하는 것이 아닙니다. 오히려 탄탄한 기본기를 바탕으로 아이들은 지식을 습득할 수 있는 것이죠.

현실지각의 중요성

6세 즈음의 아이들은 무엇이 현실인지 아닌지 구별할 수 있는 능력이 없습니다. 자신을 둘러싼 세상에 익숙해지는 법을 배우는 아이들에게 상상력은 전환기를 더욱 쉽지 않게 만듭니다. 아이들의 상상력은 어른들의 개입 없이 자연스럽게 발달해야 합니다. 오스트리아 학자 루돌프 슈타이너Rudolf Steiner는 환상이나 상상력에 기반한 교육법을 강조했습니다. 하지만 마리아 몬테소리는 아이들이 다른 사람의 상상에 영향을 받는 것을 원치 않았습니다. 아이들이 자신의 고유한 상상력을 탐구할 수 있도록 수단을 제공하고 싶어 했습니다. 그녀는 상상의 세계에만 사는 아이들은 오히려 사회에서 소외될 위험성이 크다고 지적했습니다. 현실과 익숙해지면서 아이는 비로소 제 역할을 할 수 있는 것이죠.

6세 이전 영유아들의 흡수 능력을 고려한다면, 우리가 해당 시기에 아이에게 주는, 혹은 무심코 흘리는 정보에 얼마나 유의해야 하는지 알 수 있습니다. 이 나이 이후에 논리력이 형성되기 때문에 아이들은 옳고 그른 것을 구별하게 됩니다.

"환상은 어느 정도 나이가 있는 아이들에게 매우 흥미로운 주제이지만 어린아이들에게는 자칫 당황스러울 수 있습니다. 현실에 입각한 교육이 상상력을 발달시키기 위한 최고의 준비물입니다. 우리가 아이에게 하는 이야기가 현실적인지 항상 확인하셔야 합니다. 어린아이들은 자신을 둘러싼 세상을 이해하고자 하기 때문이죠."

— 실바나 몬타나로(Dr. Silvana Q. Montanaro),
《인간에 대한 이해Understanding the Human Being》

45 교실의 공통적인 구조: 학교에서 세상으로

전 세계의 몬테소리 교실은 각 나라의 문화적 특성을 나타내는 부분 빼고는 비슷한 방식으로 구성되어 있습니다.

맞춤형 교실

몬테소리 교실은 각각의 아이에게 최적화되어 있습니다. 아이가 어떤 예민한 시기에 있는지, 몇 번째 발달 단계에 있는지와 흡수하는 정신을 고려하여 단계별로 교실이 구상되었습니다.

니도(어린이집)부터 청소년 몬테소리 학교까지 몬테소리 학교는 아이의 호기심을 만족시키고 알고자하는 욕구를 자극하기 위해 고안되었습니다. 학습 활동은 실생활, 감각 활동, 언어 활동, 수학 이렇게 네 가지 영역으로 나눕니다.

교실 곳곳마다 수업에 적절한 교육 자료가 배치되어 있으며, 이는 학년이 올라갈수록 발전합니다. 수업은 아이들이 독립적으로 활동할 수 있도록 준비 및 소개됩니다. 아이들이 자유롭게 고를 수 있는 학습 도구는 왼쪽부터 오른쪽까지 선반에 정리되어 있습니다. 도구는 그냥 놓여져 있는 것이 아니라 아이들이 간단한 활동에서 심화 활동으로, 구체적인 활동에서 고차원적 활동으로 교육자의 도움 없이도 넘어갈 수 있도록 배치되어 있습니다. 아이들은 취향에 따라 혼자서 또는 그룹으로 놀 수 있습니다.

46 | 몬테소리 학습 도구의 핵심 요소 세 가지

오늘날 몬테소리 학교에서 사용되는 학습 도구는 마리아 몬테소리가 직접 발명하고 수업에 사용한 것입니다. 그녀는 아이의 행동을 관찰하고 실험하면서 학습 효과가 있는 도구만 남기고 나머지는 과감히 제외했습니다.

몬테소리의 학습 도구는 보편적이며, 과학적으로 효과가 있습니다. 학습 도구는 세 가지 요소에 기반을 두고 있습니다.

1. 어려움은 배제하기

각 활동은 교육적 목적을 가지고 있습니다. 아이들을 어떻게 지도해야 할지 매 수업마다 도전의 연속입니다. 교육자는 천천히 시범을 보여주고, 아이들이 관찰하고 따라할 수 있도록 어려운 동작은 하지 않습니다. 놀이나 활동이 아이의 기회의 창과 맞닿아 있다면 아이가 낙담하지 않도록 너무 어려워서도 안 되고, 금방 질려 하지 않도록 너무 쉬워서도 안 됩니다.

2. 흥미 위주의 활동

교육자는 아이가 수업을 따라올 수 있도록 충분히 움직임을 가미하고 다양한 감각 활동을 포함한 흥미로운 수업을 진행합니다. 이 모든 것은 최종 목적을 가지고 있습니다. 아이의 흥미와 호기심을 자극하여 놀이를 반복하게 합니다. 시행착오를 거치면서 아이는 수업을 이해할 수 있게 됩니다.

3. 실수 다잡기

각 활동은 아이가 자신이 얼마나 성장했는지 평가할 수 있는 방법을 제공합니다. 아이는 시행착오 과정을 거치며 동기를 얻고 자존감이 상승하게 됩니다. 실수를 바로잡는 과정은 혼자 학습하는 데 있어 중요한 습관입니다.

작은 일도 혼자 해야 독립성이 커진다

어른들의 일상을 관찰하면서 아이들은 아주 어렸을 때부터 이를 연습합니다. 가정과 학교 사이에서 아이들은 일상적 활동을 자발적으로 터득합니다.

일상적 활동은 여섯 가지로 나뉩니다.

1. **준비 운동**: 물 붓기, 손 활용하기, 눈과 손을 조화롭게 사용하기 등 아주 기본적인 활동입니다. 손과 눈을 발달시키기 위해 처음에는 씨앗으로 연습하다가 나중에는 물을 도구로 사용합니다. 손을 자유자재로 쓰게 되면 이제 글씨를 쓸 준비가 된 것입니다.

2. **자신을 가꾸기**: 스스로 준비할 줄 알아야 독립적인 생활에 한 발짝 다가가는 거겠죠. 아이는 코를 풀고, 손을 닦고, 단추 채우는 법 등을 배워갑니다.

3. **집안 가꾸기**: 자신의 주변을 가꾸는 것은 단순히 청소만 하는 것이 아닙니다. 자신이 사는 곳을 아름답게 하는 것도 포함하죠.

4. **외부 환경 가꾸기**: 학교에 따라 아이들은 화단에 있는 꽃에 물을

주고, 눈을 치우고, 동물을 돌보는 시간을 가집니다.

5. **요리**: 주방은 아이들이 항상 참여하고 싶어 하는 공간입니다. 요리에 참여하면서 아이들은 새로운 맛을 발견하지요. 몬테소리 교실에서는 아이들이 함께 음식을 만드는 시간을 가집니다. 몇몇 몬테소리 학교에서는 아이들이 스스로 빵을 만들어 먹기도 하죠.

6. **예의범절**: 몬테소리 교실은 아이들에게 인사하는 방법, 문을 친절히 여는 방법 등을 가르칩니다. 또한 아이들은 다른 사람들이 집중했을 때 이를 존중하는 법을 배웁니다.

아이에게 어떻게 코 푸는 법을 가르치나요?

거울을 아이의 눈높이에 맞춰 주시고 갑 휴지를 가져오세요. 아이가 거울 속의 자신을 쳐다보도록 하세요. 아이에게 어떻게 조심스럽게 코를 푸는지 보여주세요. 말로 설명해주기 보단 행동으로 보여주며 아이가 부모님이 어떻게 하는지 관찰하도록 해주세요. 아이가 이것을 반복하도록 해주세요.

다음으로, 아이가 거울을 보고 연습할 수 있도록 해주세요.

48 | 감각을 통한 지능의 각성

"우리 지능의 그 어떤 것도 감각을 통하지 않은 것은 없습니다." – 아리스토텔레스Aristoteles

아이의 지능은 감각 기관의 훈련과 많은 감각을 수용하면서 발달합니다. 태어나고 3년간 아이의 감각 기관은 끊임없이 발달합니다. 이는 언어 습득의 기초가 되죠. 감각(청각, 후각, 시각, 미각, 촉각)의 중재자에 의해 아이는 이미지와 정보를 습득하고 자신을 둘러싼 세상을 이해하게 됩니다.

마리아 몬테소리의 감각 도구는 장 이타르, 에두아르 세갱, 빌헬름 분트Wilhelm Wundt의 연구에 영향을 받아 만들어졌습니다. 후자는 몬테소리 교육의 심볼과도 같은 '분홍 탑' 놀이를 태어나게 한 사람입니다.

느끼고, 만지고, 보고, 듣고, 맛봐요

아이들은 어린이집(2세 반 부터 다니는 곳)의 감각 도구를 가지고 놀면서 자신의 감각을 완성해 갑니다. 교육자는 아이가 감각 경험을 최대한 다채롭게 할 수 있도록 정확한 정보를 주어야 합니다. 자신이 느낀 바를 자세히 설명하면서 아이는 감각 경험을 기억에 강하게 각인시킬 수 있습니다. 일상생활에서 경험할 수 있는 감각 생활의 예시가 수업 활동을 하기 전에 아이들에게 소개됩니다. 이는 아이들이 신체적으로나 정신적으로나 감각 활동을 하기에 준비되어 있음을 확인시켜주기 위함입니다. 감각 도구는 아이가 다음 발달 단계에서 배울 내용을 충분히 소화할 수 있도록 고안되었습니다.

정돈하고 분류하고자 하는 자연스러운 아이의 욕구를 충족시키기 위해 기초적인 감각 개념만 아이들에게 소개됩니다. 맛을 예로 들면, 교육자들은 네 가지 기본 맛(단맛, 짠맛, 쓴맛, 신맛)을 아이들에게 설명합니다. 더욱 복잡미묘한 감각은 아이들이 느끼고 스스로 해석하도록 장려합니다.

감각 경험을 완전히 자기 것으로 만들기 위해서는 기억력이 사용됩니다. 아이가 감각 도구를 가지고 놀며 기본적인 감각을 습득하고 나서, 그것을 구체화하고 내면화하는 것은 아이의 몫입니다. 아이의 탐험 과정은 교육자의 개입 없이 자유로운 표현의 방에서 진행되어야 합니다.

아이는 교육 활동을 아주 쉽게 소화할 수 있는 모든 도구를 가지고 있습니다. 감각 기관 발달을 위한 교육 도구는 어린이집에 구역별로 정리되어 있습니다.

감각 도구 분류

- 시각: 색깔 및 형태를 구별할 수 있는 감각
- 청각: 소리를 느끼는 감각
- 촉각: 온도, 농도, 무게를 구별할 수 있는 감각
- 후각: 냄새를 맡을 수 있는 감각
- 미각: 맛을 느끼는 감각
- 입체 감각: 만지는 것만으로 물체를 알 수 있는 감각

49 | 몬테소리식 감각 도구

몬테소리 교육에 대한 관심이 커져가면서 몬테소리식 활동이 교실이든 집이든 넘쳐나고 있습니다. 잠시 시간을 가지고 교육 도구의 목적과 핵심에 관해 이야기해봅시다. 특히 이 책에서 가장 많이 이야기한 감각 도구에 관해서 말이죠.

몬테소리 교육에서는 그 어떤 것도 우연이 아닙니다. 모든 것은 생각되고, 계획되고, 측정되었습니다. 특히 감각 도구는 수학적으로 정확히 측정되는 미터법을 적용했습니다. 아이들은 감각 도구를 가지고 놀고 탐험하면서 정확하게 감각을 훈련합니다. 이를 통해 아이들은 거리, 무게, 크기 등을 더욱 잘 '보고' 판단하게 되죠.

빨간색 막대기 놀이

감각 도구의 가장 좋은 예시는 빨간색 막대기 놀이입니다. 어린이 집에서 대략 3세 정도 아이가 할 수 있는 이 놀이는 길이에 대한 감각을 익히기 위해 만들어졌습니다.

열 개의 막대기는 길이 빼고 완전히 똑같습니다. 가장 작은 것은 10센티미터이며, 그 다음으로 작은 막대기는 가장 작은 것과 10센티미터 차이가 납니다. 다른 사람의 도움을 받지 않고도 운동 기억력을 이용해 아이는 1미터짜리 막대기가 가장 긴 것임을 알게 됩니다. 그리고 이 깨달음은 아이의 기억에 평생 남아있을 것입니다.

분홍 탑 놀이

또 다른 대표적인 감각 도구는 열 개의 큐브로 이루어진 분홍 탑입니다. 정확성을 자랑하는 이 놀이는 크기 개념을 익히기 위해 만들어졌습니다. 가장 작은 큐브는 각 변의 길이가 1센티미터이며, 다음 큐브는 길이가 1센티미터씩 늘어납니다. 가장 큰 큐브는 한 변의 길이가 10센티미터가 되겠죠.

큐브를 쌓아 올리는 것은 높은 정확성과 시각을 요구합니다. 아이는 나중에 수학 시간에 배우게 될 제곱근 개념을 간접적으로 접하게 됩니다. 이와 동시에 아이는 손의 움직임을 훈련해서 글씨를 쓰는 준비 훈련도 하는 셈이죠.

분홍 탑 놀이는 아이가 주변 환경을 이해 및 분류하고자 하는 욕구를 정확한 단어를 사용하는 법을 배움으로써 채워줍니다. 이 놀이를 통해 '작다', '크다', '더 작다', '더 크다' 등 개념을 배우게 됩니다.

50 | 시도할수록 빛나는 수학적 마인드

우리는 계산하고, 예측하고 일상의 문제를 해결하기 위해 수학적 마인드를 모두 가지고 태어납니다. 어린이집에 있는 모든 활동 중에서 수학과 관련된 활동만큼 재미있는 건 없습니다. 몬테소리 교육은 아주 어렸을 때부터 구체적으로 수학 접근법을 제시하며, 감각 도구를 이용해 일상생활과 관련된 활동을 제공합니다.

우리는 아이들이 수학을 배우기에 너무 어리다고 종종 생각합니다. 하지만 마리아 몬테소리는 아이들이 대부분의 수학 개념을 매우 일찍 흡수할 수 있음을 알아차렸습니다. 그녀는 글쓰기와 수학을 준비할 수 있는 학습 활동을 고안했습니다.

수학이 아이들의 놀이가 됐을 때

몬테소리 시각 교육 도구 중 하나인 빨간 막대기는 아이들에게 첫 번째 수학 수업인 셈입니다. 몬테소리의 수학 교육 프로그램은 정확한 순서를 따르며 숫자 및 양에 관한 개념을 가르칩니다. 각 교육 도구는 숫자를 가지고 있습니다. 숫자 막대기를 예로 들면, 아이는 1번 막대기가 2번 막대기보다 작다는 것에 익숙해지게 됩니다. 이와 같이 2번 막대기는 3번 막대기보다 작다는 것도 알게 되지요. 아이는 숫자 막대기 놀이를 통해 수와 양의 개념을 이해합니다. 더 큰 것, 더 작은 것, 더 무거운 것 등 말이죠. 아이가 양의 개념에 익숙해졌을 때만 기호와 숫자 활동을 시작할 수 있습니다. 아이가 수와 양 개념에 모두 익숙해지면 이 둘을 연결 짓는 활동을 하게 됩니다. 아이가 예민한 시기를 거칠 때, 수학은 놀이가 됩니다.

3세~6세 교실의 수학 프로그램

- **1부터 10까지 세기**: 수와 기호를 감각적으로 탐험하기
- **십진법**: 1000개의 금구슬 큐브
- **셈하기(11~99)**: 세갱의 숫자판과 진주
- 더하기 판을 이용해 **기억하기**
- 큰 주판, 작은 주판을 이용해 **추상화하기**
- **분수**: 더하기, 빼기, 곱하기를 배우기 전에 감각 활동으로 분수 배우기

51 | 십진법 이해하기: 금구슬 놀이

네 살이 되기 전에 아이들은 10까지 세는 법을 어려움 없이 배울 수 있습니다. 하지만, 학습을 강요받은 아이들은 심리적 부담감으로 인해 수적 감각을 지니는 데 어려움을 겪을 수 있습니다. 이 문제를 해결하기 위해 에두아르 세갱의 교육 도구 중 특히 수막대는 그 효과를 입증한 바 있습니다. 두 번째 장애물은 바로 큰 수를 세는 것입니다. 이는 아이에게 매우 추상적인 개념이지요. 이 문제를 해결하기 위해 마리아 몬테소리는 금구슬 놀이로 알려진 십진법 교육 도구를 만들었습니다.

금구슬 놀이는 십진법을 이해하기 위한 첫 번째 접근법입니다. 여느 다른 몬테소리 교육 도구처럼 금구슬 놀이는 아이들이 쉽고 재미있게 다룰 수 있습니다. 이는 다음과 같이 구성되어 있습니다.

- **구슬 하나**
- 구슬 열 개가 끼워진 **막대**
- 구슬 백 개로 이루어진 **직사각형 판**(구슬 열 개가 끼워진 막대 열 개가 있으며 떼어놓을 수 없습니다.)
- 구슬 천 개로 이루어진 **정육면체**(직사각형 판 열 개가 겹쳐 있고 떼어 놓을 수 없습니다.)

금구슬 놀이는 단순한 셈부터 큰 숫자까지 다양한 개념을 포함하고 있습니다. 아이는 덧셈, 뺄셈, 곱하기, 나누기를 상호적이고 구체적으로, 게다가 감각적으로 배울 수 있습니다. 자신이 알지도 못한 채 아이는 간접적으로 대수와 기하학을 접하게 됩니다. 이 놀이를 하다 보면 아이가 큰 숫자에 재미를 느끼는 것을 확인하실 겁니다. 다양한 방식으로 숫자를 가지고 놀면서 아이의 더 많이 세고 싶은 욕구를 충족시킬 수 있습니다.

52 | 언어에 계속 노출되어야 한다

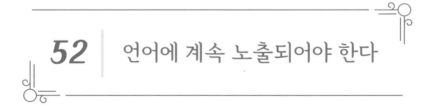

의사소통은 필수적 욕구입니다. 따라서 태어났을 때부터 아이의 주변 환경을 언어로 둘러싸는 것은 매우 중요합니다.

태어났을 때부터 6세까지 아이는 모든 자극과 경험에 예민한 시기입니다. 따라서 아이는 폭넓은 언어를 접해야 하지요. 의사소통하고자 하는 욕구를 충족시키고 언어의 기본 골격을 다지기 위해서, 아이에게 이야기를 읽어주고 노래를 불러주는 것이 중요합니다.

점진적 학습

이 나이대의 아이들은 자신을 둘러싼 모든 것에 이름을 붙이고 싶어 합니다. 어린이집에서 아이의 표현력을 키우기 위해 언어에 우선순위를 두지요. 언어 습득은 아이가 손가락으로 이런저런 사물을 가리키며 "이게 뭐예요?"라고 물을 수 있게 할 것입니다.

- **언어 학습 도구는 아이가 자신의 환경(시간, 공간, 문화)과 익숙해지도록 돕습니다.** 시작으로 우리는 야채나 과일처럼 가정에 있는 것을 사용할 수 있겠죠. 동물이나 자동차처럼 실제 사물을 작게 만든 것 또한 사용할 수 있습니다.

- **아이에게 말할 때 단어는 올바르고 정확한 것을 사용하십시오.** 아직 말을 하지 못하는 젖먹이라도 모든 것을 듣고 흡수합니다.

- **실제 존재하는 사물을 보여주며 교육하세요.** 아이들에게 사진이나 그림을 보여주세요.

- 아이가 개념을 잡으면 이미지만 있으면 충분합니다. 어린이집에서 아이들은 대화하고 이야기와 노래를 들으면서 언어 능력을 다 듬어갑니다.

- 아이는 읽기를 시작하기 전에 글쓰기를 먼저 배웁니다. 글쓰기를 먼저 배운 후에야 읽기, 단어, 독해를 더욱 깊게 배울 수 있습니다.

53 | 아이들을 위한 최적의 도구 문자 카드

어렸을 때부터 아이는 우리의 문자를 구성하는 다양한 상징에 관심을 보입니다. 그것들을 손가락으로 가리키고 의미를 알고 싶어 하죠. 문자는 아이들을 매료시킵니다.

몬테소리 문자 카드는 문자 체계를 이해하고 싶어 하는 아이들에게 최적의 도구입니다. 감각 발달이 한창인 아이들에게 알파벳 카드는 다양한 감각을 자극하여 아이들이 문자를 잘 받아들일 수 있도록 합니다.

'알파벳 카드'는 무엇인가요?

알파벳 카드는 필기체로 쓴 알파벳 하나하나가 있는 작은 직사각형 판자입니다. 카드에 적힌 알파벳은 사포 같은 재질입니다. 아이에게 어떻게 문자를 쓰는지 손가락 끝으로 그리며 보여주고, 알파벳과 일치하는 소리와 짝을 맞춥니다. 이 놀이는 두 가지 중요한 역할이 있습니다. 각각의 알파벳을 발견하며 아이를 읽기의 세계로 초대하고, 문자를 따라 쓰며 근육 기억을 훈련해 글쓰기를 시작하게 합니다. 작은 직사각형 판자는 작지만 강력한, 글쓰기와 읽기 세계로 출발하는 첫 번째 '수업'인 셈입니다!

글쓰기는 읽기에 선행합니다

아이는 조립식 알파벳을 사용하며 글쓰기 수업을 시작합니다. 아이가 열 개에서 열두 개 정도 소리를 배우고 나면, 교육자는 알파벳이 여러 개 담긴 큰 상자를 아이에게 줍니다. 알파벳은 플라스틱이나 나무로 되어 있습니다. 교육자는 아이에게 자신이 알고 있는 소리를 고르라고 합니다. 첫 번째 수업은 아이가 자신의 이름을 만드는 것으로 시작할 수 있습니다. 다음으로는 자신이 이미 배운 소리를 기반으로 아이들이 간단한 단어를 조립하도록 안내합니다. 이 단계에서 교육자는 아이가 철자를 정확하게 조립하거나 자신이 만든 단어를 완벽히 읽는 것을 기대하지 않습니다. 이 놀이의 목적은 단순히 문자를 서로서로 조립하고 글쓰기를 맛보는 것입니다.

아이가 자신이 조립하거나 친구가 조립한 단어를 읽으려고 할 때 교육자는 다음 단계 수업인 읽기 상자로 넘어갑니다.(읽기 상자는 작은 사물과 그에 해당하는 단어가 적혀 있는 카드가 담긴 상자입니다.) 이 때부터 교육자는 아이의 폭발하는 읽기 실력을 돕습니다. 아이는 이제 읽기란 단순히 쓰여진 알파벳을 연결 짓는 것임을 배웠기 때문이죠. 수업은 항상 놀라운 것들로 가득한 관찰의 순간이죠!

54 단어의 개념을 학습하는 데 효과적인 3단계 학습법

제목에서 보셨듯 수업은 세 가지 단계로 나뉩니다. 이는 교육학자 에두아르 세갱의 연구에 직접적으로 영향을 받은 것이죠. 그는 한 번에 세 가지 주제만을 다뤘습니다.

1. 첫 번째로 교육자는 아이에게 사물이나 개념에 해당하는 단어를 말해줍니다. 한 번에 하나씩 정확히 지칭하여 알려줍니다. 예를 들어 아이에게 숫자판을 이용하여 교육할 때, '노란색'을 알려줄려면, 노란색으로 칠해진 숫자판만 보여주며 단어를 알려줍니다.

2. 두 번째 단계로, 아이에게 세 가지 사물이나 개념을 보여주고 나서 "노란색을 보여주세요" 또는 "노란색을 여기 갖다 주세요"라고 요구합니다. 교육자는 아이가 사물과 그에 해당하는 이름을 단기 기억력에 의존해 연결 짓도록 돕습니다. 이 단계는 가장 긴 시간이 걸리지만 언어 습득에서 가장 중요한 단계입니다. 아이가 관심을 유지하는 상태에서 수업을 계속해야 하죠. 아이가 어려움을 느낀다면 계속할 필요가 없습니다. 나중에 다시 수업을 진행하는 것이 바람직합니다.

3. 세 번째 단계는 기억력(인지력)에 기반을 둡니다. 교육자는 아이에게 사물이나 개념을 말해보라고 하죠. 예를 들어 노란색 사물을 집어 들고 아이에게 "이게 무엇일까요?"라고 묻습니다. 만약 아이가 실수하더라도 고쳐주지 않아도 됩니다. 전 단계 학습을 다시 시작하세요. 이러한 수업 방식은 3세 이하 아이에게 적용하는 것이 중요합니다.

하지만, 아이들은 이제 막 표현하는 법을 배우고 있기 때문에 세 번째 단계까지 가는 것은 어려울 수 있습니다. 이러한 경우에 첫 번째와 두 번째 단계까지만 진행하시면 됩니다.

> **Tip** 3단계 수업은 언어나 다른 어떤 지식을 아이에게 가르칠 때 아주 효과적인 방식입니다. 가정에서나 학교에서나 적용 가능합니다.
> - 첫 번째로 사물을 지칭하세요: "이건 … 라고 하는 거예요."
> - 두 번째로 분간하게 하세요: "…가 뭔지 보여주세요."
> - 세 번째로 기억하게 하세요: "이게 뭐지요?"

55 | 몬테소리 교육법은 미래를 위한 투자

> "너무 어렵고, 복잡한데다 익힐 시간이 없다."
> 몬테소리 교육에 대해 사람들이 흔히 표현하는 불만입니다.

현대인은 바쁜 일상을 살아갑니다. 하지만 현재를 즐기고 삶이 주는 것을 음미하고 탐험하는 아이를 관찰하는 것은 중요합니다. 아이에게서 삶의 의미를 느낄 수 있습니다. 아이 앞에 펼쳐진 삶에 적응할 수 있는 도구를 제공해주면서, 우리도 아이와 함께 튼튼히 삶의 기반을 다져갑니다. 아이의 미래가 어떨지 전혀 감이 잡히지 않는다면, 우리는 아이가 잠재력을 발휘할 수 있도록 최선을 다해야 할 것입니다.

몬테소리 교육은 무엇에 쓰입니까?

아이가 완전히 독립적으로 사고하고 행동하는 성인으로 자라길 바라시나요? 물론 가능합니다. 하지만 이는 투자와 상호 신뢰를 요구합니다.

우리는 아이가 먹거나 자는 것을 강요할 수 없지만 아이의 환경과 습관을 통제할 수 있고 인내심을 보여줄 수 있습니다. 오늘 우리가 아이의 필요를 관찰하고 이를 채워주고, 적절한 교육 도구를 찾고 아이의 발달 단계(흡수하는 정신, 예민한 시기 등)를 이해하기 위해 하는 모든 노력은 후에 아이의 미래에 큰 도움이 될 것입니다.

필수적 욕구를 충족하고 발달시키기 위해 필요한 도움을 받은 아이는 후에 학교 교육에도 준비가 될 뿐만 아니라, 집중하고, 적응하고, 끈기 있게 도전하고, 스스로 생각하며 다른 이와 의사소통하는 법을 알게 됩니다.

이와 같은 역량을 습득한 아이는 인생 전반에 걸쳐 주변 사람들과 조화를 추구하며 지낼 수 있게 됩니다.

56 | 모두에게 적합한 열린 교육법

> 몬테소리 교육은 출신, 종교, 사회적 위치에 상관없이 모든 아이에게 적합합니다. 신체적으로나 신경학적으로 다른 아이들도 몬테소리 교육의 대상입니다. 열린 교육은 모든 아이가 공동체의 일원이 되어 기여할 수 있는 기회를 줍니다. 그 어떤 아이도 제외되지 않습니다.

몬테소리 교실의 모두를 아우르는 환경에서 아이들은 중요한 팀워크를 배우고 사회성과 공감 능력을 발달시킬 수 있습니다. 아이들은 발달이 느리거나 신체적으로 불편한 아이들과도 함께 놀면서 특수한 사람들의 필요를 알게 되며, 그들도 다른 사람들과 똑같은 존재임을 배웁니다.

특수한 필요가 있는 아이들은 신체적으로, 지적으로, 감정적으로나 사회적으로 사회의 규정에서 조금 벗어나 있는 아이들입니다. 따라서 특별한 관심을 필요로 합니다.

오늘날 우리는 아이의 교육적, 사회적, 감정적 행복에 영향을 미치는 발달 문제를 자주 마주합니다. 지난 20년간, 몬테소리 교육자들은 발달에 문제가 있는 아이들이 점점 증가함을 알아챘습니다. 이는 몬테소리 교육 도구를 소개하는 방식을 새롭게 다듬어야함을 의미했죠. 몬테소리 교육자는 이러한 특수성을 더욱 잘 파악하고 아이들을 돕기 위한 특수 교육을 받을 수 있습니다. 과학의 발달로 몬테소리의 열린 공동체가 지지를 받고, 특수 아이들이 겪는 어려움으로 가끔 힘들어하는 학부모님들이 도움을 받을 수 있게 되었습니다.

열린 몬테소리 교육법에서 아이 개개인은 공동체의 중요한 일원이고 각자의 방식으로 사회에 기여할 수 있는 존재입니다.

57 | 몬테소리 학교 선택하기

자녀를 위해 몬테소리 학교를 알아보고 계신가요? 이제 교육법은 알았으니 여러분의 선택을 다듬기 위해 몇 가지 세부사항을 아는 것이 중요합니다.

가장 먼저, 몬테소리 학교에 직접 가서 자녀와 비슷한 나이대 아이들이 있는 수업을 관찰하세요. 그리고 아래와 같은 질문을 해보세요.

- 우리 아이가 여기서 재미있게 놀 수 있을까?
- 주변 환경(교실)이 쾌적하고, 깨끗하고 만족스러운가?
- 아니면 다소 정신없고 숨막히는가?
- 어른들은 아이를 존중하며 아이의 눈높이에 맞춰 주는가?
- 아이들이 스스로 활동을 선택하도록 놔두는가?
- 교실이 조용하고 아이들은 집중하는가?

여러분이 방문한 학교가 몬테소리 교육법을 따르는지, 아니면 단순히 몬테소리 교육법에 영감을 받은 것뿐인지 확인하려면 **아래의 답변을 확인하세요.**

- 교실에 서로 다른 나이의 아이들이 섞여 있나요? *네.*

- 아이들이 놀이를 반복할 수 있는 시간이 있나요? *네.*
- 끊기지 않고 노는 시간은 얼마나 되나요? *아침 2시간 반에서 3시간 사이입니다.*
- 각 과목마다 다른 교육자가 있나요? *아닙니다. 몬테소리 주교육자는 모든 수업을 할 수 있도록 교육받았습니다.*
- 교육자는 나이대별 교실에 특화되어 있나요? *네.*
- 자유로운 분위기가 있는 동시에 정돈된 분위기도 있나요? *1년 교육과정에 따라, 아니면 하루 중 언제 방문하는지에 따라 다를 수 있습니다.*
- 아이들은 원하는 활동을 고르고, 교실에서 자유롭게 이동하고 다른 아이들을 관찰할 수 있나요? *네. 아이들은 자유롭게 움직일 수 있습니다. 그리고 아이는 다른 이를 관찰하며 배우지요.*

몬테소리 교육법은 모든 아이에게 이롭다고 믿습니다. 그럼에도 불구하고, 마리아 몬테소리의 개념을 받아들이는 데 아직 준비가 안 된 가정이 있습니다. 우리가 아이를 위해 선택한 학교와 교육자들이 가정과 교실 사이의 일관성을 유지하기 위해 같은 비전을 공유하는 것이 중요합니다.

58 | 몬테소리 교육자의 십계명

{ 아래는 몬테소리 교육자가 아이를 대할 때의 역할과 마음가짐을 정리한 열 가지 리스트입니다. }

1. 아이가 요구하지 않는 이상 **절대 아이를 만지지 마세요.**

2. 아이 앞에서나 아이가 없을 때나 **절대 아이에 대해 안 좋게 말하지 마세요.**

3. 아이에게 긍정적으로 작용하는 것을 제공하고 보강하는 데 **계속 노력하세요.**

4. 환경(교실과 교육 도구)을 준비하는 데 모든 에너지를 투자하세요. 구석구석 주기적으로 환경을 관리해주세요. 그리고 아이가 이 환경과 좋은 관계를 형성할 수 있도록 도와주세요. 아이에게 교육 도구를 어디에 정리해야 하는지 보여주시고, 어떻게 가지고 놀 수 있는지 알려주세요.

5. 아이가 여러분을 필요로 할 때 언제나 들어주고 답변할 준비를 하세요.

6. 실수하고 스스로 고칠 수 있는 순간에 있을 때, 아이를 존중해주세요. 하지만 아이가 교육 도구를 잘못 사용하고 있거나, 위험한 순간이나 다른 아이를 방해할 때는 아이를 제지해야 합니다.

7. 쉬고 있는 아이를 존중해주세요. 다른 사람들이 놀고 있는 것을 관찰하거나, 하고 있던 또는 할 일에 대해 생각하는 아이를 가만히 놔둬주세요. 아이를 부르거나 다른 활동을 하도록 강요하지 마세요.

8. 하고 싶은 활동을 찾고 있는데 잘 못 찾는 아이를 도와주세요.

9. 예전에 아이가 거부한 활동을 꾸준히 보여주세요. 아이가 아직 익숙해지지 않은 놀이를 습득하고 자신의 한계를 넘어설 수 있도록 끊임없이 도와주세요. 환경(교실)을 정성스레 가꾸고, 신중하고 상냥한 태도를 유지하며 예쁜 말을 쓰면서 아이에게 활동을 보여주세요. 아이가 도움을 필요로 할 때 항상 여러분이 근처에 있다는 것을 느끼게 해주세요.

10. 아이를 항상 공손하게 대해주세요. 그리고 여러분의 최고의 모습을 보여주세요.

59 평생 교육의 시작, 몬테소리 교육자 되기

세계 어디든지 몬테소리 교육자 과정을 찾을 수 있습니다. 몬테소리 교육자 과정은 네 가지 교육 단계가 있습니다. 얼마 전부터 정신적 결함으로 고통받는 노인분들에게도 몬테소리 교육법이 적용되고 있습니다.

몬테소리 정규 교육 시설에 의해 제공되는 교육자용 수업은 몬테소리 철학에 대해 폭넓은 이해를 할 수 있게 해줍니다. 또한, 아이의 나이별로 제공되는 적절한 교육 도구에 대한 정확하고 자세한 설명을 들을 수 있습니다.

영아를 위한 교육이든, 어린이집이든 청소년 교육이든지 간에 수강생은 '앨범'이라고 하는 참고 자료를 만들어야 합니다. 앨범은 교육 기간 동안 배운 모든 내용을 정리한 서류이자, 교육 도구와 그에 관한 정확한 사용법을 정리한 책입니다. 앨범은 국제 몬테소리 연구소가 만든 목차를 따릅니다. 앨범 모음집은 수강생이 공부하는 동안 배운 모든 것의 요약집인 셈이죠.

후에 앨범은 교육자에게 아주 소중한 도구이자 취득한 자격증이 됩니다. 각 교육자 코스마다 많은 관찰 시간과 실습이 요구됩니다. 교육자 코스와는 별도로 더욱 짧은 조수 교육 코스가 있습니다. 이 코스를 통해 수강생은 몬테소리 환경에서 교육자를 돕기 위해 필요한 지식을 습득할 수 있습니다.

60 | 시작은 준비된 환경 속에서: 0세부터 3세 교실

신생아부터 3세 아이를 맡는 몬테소리 교육자 과정은 1947년 만들어졌습니다. 해당 과정은 태아의 삶, 임신기, 출산기의 몬테소리 이론을 다루고, 아이와 아이 뇌의 신체적, 정신적 발달 및 영양과 위생에 대해 배웁니다.

이 과정을 통해 전체 몬테소리 이론과 교육법은 물론, 영아 발달의 신체적, 정신적 접근법 및 신경정신의학 또한 배울 수 있습니다. 수강생은 현대 교육의 문제, 특히 특수한 관심이 필요한 아이들에 관한 정보를 얻을 수 있습니다.

해당 교육과정은 영아(니도나 어린이집에 다니는 아이들)를 위한 환경을 마련하는 데 필요한 도구를 준비하고, 아이들 각자의 요구에 적합한 환경을 꾸미고 아이들을 지도하도록 합니다. 또한, 부모님이 부모라는 새로운 역할에 적응할 수 있도록 돕지요. 이는 교육자가 준비한 아틀리에에서 진행될 수도 있고, 아니면 아이가 태어나기 전 가정 환경을 준비할 때 교육자가 부모님을 도와주며 진행될 수 있습니다.

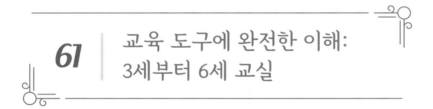

61 | 교육 도구에 완전한 이해: 3세부터 6세 교실

몬테소리 어린이집(3~6세) 교육자 과정은 1909년에 만들어졌습니다. 이 나이대 아이들의 특수한 활동에 기반하고 있지요.

해당 과정은 몬테소리의 이론적 측면과 교육법, 아이 발달에 대한 개념을 폭넓게 공부할 수 있습니다. 또한, 이 과정은 미래의 교육자가 3~6세 아이들에게 하게 될 모든 수업을 가르치는 것을 목적으로 하고 있습니다. 자세히 말하면 교육자는 이 과정을 통해 교육 도구를 완전히 이해하고, 아이에게 보여주기 위해 정확한 방식으로 어떻게 사용하는지 배우게 됩니다. 교육을 받는 동안 수업은 아이에게 하게 되는 것처럼 말로 진행됩니다. 이를 통해 수강생은 자신의 앨범에 배운 것을 다시 정리해서 쓸 수 있습니다. 교육 기간 동안 만든 앨범은 매우 소중한 자산이지요. 이것은 교육자가 아이들과 가장 효율적으로 놀아 주기 위해 주기적으로 보게 될 준거와 같은 존재입니다.

어린이집에서 교육자의 역할은 자신이 지도하는 모든 아이들에게 세상의 열쇠를 주는 것입니다.

62 | 수학과 과학 더 넓은 세계로의 안내: 6세부터 12세 교실

> 몬테소리 초등학교(6~12세) 교육자 과정은 수학과 과학의 좀 더 추상적인 개념을 가르치고, 언어 사용을 세련되게 합니다.

예비 교육자는 이제 사고를 하기 시작하고 이 세상에서 자신의 자리를 찾는 아이들을 돕도록 교육받습니다. 이 기간은 종종 '우주적 교육' 기간이라고 지칭됩니다.

아이의 발달에 관한 이론과 문제에 머물지 않고, 초등학교 교육자 과정은 나중에 아이들에게 가르칠 다섯 가지 위대한 이야기를 교육자가 제대로 배우도록 합니다. 예비 교육자는 이 이야기를 생동감 있게 다양한 방식으로 아이들에게 이야기해주는 방법을 배웁니다. 또한, 이후에 아이들이 이 이야기를 듣고 관련된 정보를 찾는 데 도움을 주도록 교육받습니다.

63 | 예민한 청소년 시기의 시작: 12세부터 18세 교실

청소년(12세~18세)을 위한 몬테소리 교육 방향은 교육자 자신과 청소년에 대한 확신과 자신감에 중점을 둡니다. 이 교육 과정은 청소년에 대한 전반적인 접근법을 가르치며, 특히 심리학과 철학에 집중합니다. 몬테소리 청소년 학교 교육자 과정은 아이의 삶에서 가장 예민한 시기인 청소년기에 교육자의 역할이 중요하다고 여깁니다. 따라서 교육자가 청소년을 잘 지도하도록 교육자의 자세를 가르칩니다.

여기서도 마찬가지로 관찰은 교육자의 첫 번째 도구입니다. 관찰을 통해 교육자는 자신의 전문 영역(수학, 과학, 역사, 문학 등)을 아이들에게 잘 전달할 수 있습니다. 아이들은 잘 정의된 틀에서 자유가 필요하며, 교육자는 아이들에게 이를 제공해야 합니다.

마리아 몬테소리는 청소년 교육자 과정을 나이대 별로 나누지 않았습니다. 초등 교육자 과정은 아이의 발전 단계에 따라 두 단계로 나눴음에도 말이지요. 이러한 이유로 몬테소리 중학교나 고등학교를 특히 프랑스에서 찾아보기 어렵습니다. 하지만 교육의 일관성을 위해, 몇몇 중고등학교는 마리아 몬테소리의 청소년과 관련된 연구 및 이론을 기반으로 몬테소리 원칙을 적용하고 있습니다.

프랑스에서 마리아 몬테소리 고등 교육기관은 교육자와 부모님(또는 관심있어하는 모든 성인)에게 단기간 인턴십 프로그램을 제공하고 있습니다. 이를 통해 발전의 세 번째 단계를 이해하고, 청소년에게 적합한 마리아 몬테소리 교육기관의 비전을 살펴볼 수 있습니다. 미국 등지에서 더욱 긴 교육 및 학위과정을 찾아보실 수 있습니다.

64 | 노인을 위한 몬테소리 교육

오늘날 몬테소리 교육 원칙은 나이가 들거나 약해진 분들에게도 적용됩니다. 두뇌 활동과 기억력을 자극하는 도구가 있는 준비된 환경을 마련함으로써, 몬테소리 학교는 어르신분들이 더욱 오래 건강하고 지적인 생활을 하도록 돕습니다. 이는 결과적으로 가족을 돕는 길이기도 합니다.

기억력 감퇴로 어려움을 겪는 노인을 돕는 아주 간단한 아이디어는 주변 사물에 이름을 붙이고, 추억이 담긴 상자나 책을 만드는 것 등이 있습니다. 이러한 접근법은 어린아이들에게도 적용되는 원칙에 기반한 것이죠. 바로 안전이 보장되는 곳에서 자립심과 독립심을 키우는 것입니다. 이를 통해 개인은 자존감을 지키며 사회 내에서 역할을 부여받고 사회에 기여할 수 있게 됩니다.

호주에서 시작된 이 프로젝트는 노인분들에게 적잖은 도움을 주었습니다. 그래서 전 세계 가정이나 양로원으로 아주 빠르게 확장되었습니다. 이는 특히 알츠하이머 같은 인지 문제로 힘들어하는 사람들을 돕기 위해 시작됐습니다. 어린이집 환경을 준비하는 것과 같이, 교육자는 노인분들이 자신을 위해 스스로 움직일 수 있도록 그에 걸맞은 환경을 준비합니다. 어르신들의 관심사를 따르는 것은 물론이지요.

오늘날, 해당 몬테소리 교육자 과정은 전문가가 되고자 하는 사람과 부양자 모두에게 열려 있습니다. 이 과정을 밟으면 가정이나 요양원에서 교육 도구를 제대로 다루는 법을 배울 수 있게 됩니다.

해당 교육자 과정에 대해 더 자세한 정보는 아래의 홈페이지를 참고해주세요.

www.montessoridementia.org

65 국경 없는 교사회

> "교육은 평화를 위한 최고의 무기다."
> – 마리아 몬테소리, 1937년 5월

마리아 몬테소리는 인류의 안녕이 아이로부터 온다는 것을 상기시키길 좋아했습니다. 오늘날, 마리아 몬테소리의 유산은 국경 없는 교사회와 함께 계속해서 전해지고 있습니다. 국경 없는 교사회는 1999년 마리아 몬테소리의 손녀 레닐드 몬테소리와 아들 마리오에 의해 창립되었습니다. 국제 몬테소리 연구소에 의해 만들어진 국경 없는 교사회는 아이의 입장을 대변하고 사회 전역에 몬테소리 교육 원칙을 적용합니다. 몬테소리 교육법은 부모님, 노동자와 인간 발달과 관련된 일에 종사하는 모든 사람들에게 중요한 도구입니다.

몬테소리 교육법은 모든 형태의 위험에 처한 아이들에게 도움을 줄 수 있습니다. 버림받고, 장애가 있고, 오랜 기간 동안 병원에 입원하고, 폭력의 그늘에 있는 아이들 말이죠.

아래 국경 없는 교사회가 이끄는 몇 가지 프로젝트가 있습니다.

- **영국의 본 인사이드**(Born Inside): 이 프로젝트는 영국의 두 감옥에 있는 '어머니와 아이'라는 단체를 돕기 위해 만들어졌습니다. 감옥 안에서 임신 중이거나 아이가 있는 부모를 돕기 위한 프로그램을 제공하고 있습니다. 영아를 위해 만들어진 환경이나 감옥에서도 수업을 진행합니다.

- **케냐의 희망을 보다**(Corner of Hope): 이 프로젝트는 난민과 같은 취약 단체를 위해 몬테소리 학교가 문을 열게 되는 계기가 되었습니다. 이 단체는 취약층에게 교육 도구를 가져다주고, 재정적으로도 도움을 줍니다. 또한, 교육자를 양성하고, 건물을 짓는

등의 공동 프로젝트를 중심으로 공동체 전체가 모이도록 하는
역할을 합니다.

- **미국 텍사스, 빛의 교육**(Lumin Education): 이 프로그램은 달라스의
빈곤 지역에 사는 부모를 돕기 위해 만들어졌습니다. 특히 최근
에 이주해 온 200가정 이상을 대상으로 하고 있습니다. 두 언어
가 자유자재로 가능한 교육자가 가정을 방문하여 부모에게 어
떻게 부모의 역할을 잘 할 수 있는지와 아이의 발달 단계에 관
한 정보를 줍니다. 이 프로그램은 모니터링, 지원단, 정보 교환
모임, 병원 방문 등을 포함하고 있습니다.

- 더 많은 정보를 얻고 싶으시다면 국경 없는 교사회 사이트를 참
고해주세요.

  http://montessori-esf.org/

66 | 몬테소리 교육의 영향력

마리아 몬테소리의 연구는 그녀의 이름을 딴 교육법을 탄생시
킨 것은 물론, 교육 시스템과 우리가 아이를 보는 시선을 크게
변화시켰다는 점에서 매우 중요합니다.

마리아 몬테소리가 아이들의 행복을 위해 삶을 바치기 전에는 이 분야에 많은 노력이 행해지지 않았습니다. 예를 들면 아이의 키에 맞는 가구가 설치된다든가, 어떻게 하면 우리의 지식이 미래의 세대에게 효율적으로 전달될 수 있을지 말이지요.

오늘날에는 아이들만을 위해 만들어진 가구를 쉽게 찾을 수 있습니다. 또한, 전통적 교실에서도 '개인 공간' 및 아이의 일상에서 영감을 받은 활동을 더욱 많이 찾아볼 수 있게 됐습니다.

하지만 교육에 대한 비전이 완전히 바뀌고, 그로 인해 아동 발달에 필요한 것을 온전히 충족시켜줄 수 있을 때까지 갈 길이 멉니다. 이러한 이유로 마리아 몬테소리의 연구를 이해하는 것이 중요합니다. 한 세기도 전에 마리아 몬테소리는 아이를 존중으로 대하고 개개인의 잠재력을 발굴하기 위해 대안 교육을 찾아나선 선구자였습니다.

시간이 지날수록 높이 평가받는 대안 교육

몬테소리 교육법은 프랑스의 공립 유치원에서 더더욱 그 영향력을 늘려가고 있습니다. 우선 교육 대상REP 학교의 한 교실에서 몬테소리 교육법을 수강한 한 여성 교육자에 의해 실험적으로 시작된 운동을 계기로 더욱 퍼져 나가고 있지요. 이 교실에서 이루어진 실험은 매우 만족스러운 결과로 수많은 학교 선생님들을 놀라게 했습니다.

고맙습니다, 마리아 몬테소리!

3부

가정에서 실천하는 몬테소리 교육

모든 것은 라이프 스타일에서 시작됩니다. 몬테소리 교육 원칙은 여러분의 부모의 삶에도 아주 쉽게 스며들 수 있습니다. 자연은 태아가 자라기에 이상적인 환경을 제공합니다. 탄생의 순간도 아이를 최상의 조건에서 맞이하기 위해 차분히 준비되어야 하겠지요. 탄생 이후 가정은 신생아가 탐험하는 첫 번째 공간입니다. 몬테소리 원칙이 아이의 탄생부터 가정까지 여러분을 도와줄 수 있습니다.

67 부모도 배움이 필요하다

아이를 가졌거나, 부모 혹은 조부모라면 몬테소리 교육법을 적용하든 하지 않든 아주 큰 책임감을 안고 있을 겁니다. 부모라는 역할은 저절로 알게 되는 것이 아닙니다. 배워가는 것이죠. 부모가 되기 위한 설명서도 학교도 없이 '원하든 원치 않든' 우리는 아이를 가짐으로써 부모가 됩니다. 그럼에도 우리는 부모라는 사명을 받아들이고 최고의 모습을 아이에게 보여주며 귀감이 되고자 노력합니다.

임신 과정과 환경은 사람마다 다릅니다. 또한, 우리는 각자 서로 다른 어린 시절을 경험합니다. 이는 부모라는 새로운 모험을 잘 헤쳐 나갈 수 있도록 우리를 인도하지요.

최고의 부모가 되는 것은 절대 불가능한 일이 아닙니다.

오늘날, 부모가 되기 위한 첫 걸음을 돕는 저서가 시중에 많이 나와있습니다. 하지만 잊지 마세요. 모든 학습은 인내심과 연습을 필요로 합니다!

부모가 된다는 것은 혼자가 된다는 것이 아닙니다. 여러분이 되고

자 하는 부모상을 이해하고 존중하는 그룹이나 단체의 도움을 받으실 수 있다는 것을 알아야 합니다. 여러 해 동안 많은 부모들을 더 나은 부모가 되기 위해 도우면서 한 가지 배운 것이 있습니다. 바로 여러분, 자기 자신을 먼저 돌봐야 한다는 것이죠.

68 신생아와 함께 살기

> 신생아는 완전히 어른에게 의존하는 존재입니다. 이는 태어나고 몇 분만에 걸을 수 있는 다른 포유류와 인간을 구분 짓는 것이기도 합니다. 인간의 뇌 크기가 이를 설명하지요. 다른 포유류보다 더 크고 복잡한 아이의 두뇌는 성숙해지기 위해 9개월 이상이 필요합니다. 뇌가 충분히 성장하기까지 엄마의 배 속에 있는다면 아이는 엄마의 골반을 통과하기에 너무 커져 있을 것입니다. 이렇기 때문에 임신은 엄마의 몸 밖에서도 계속된다고 볼 수 있습니다.

출산 후 첫 두 달은 매우 특이합니다. 아이와 엄마는 아이를 건강하게 지켜주던 소중한 탯줄 없이 다른 방식으로 서로를 알아가는 방법을 배웁니다. 생후 9개월간은 엄마와 아이라는 세상에서 가장 밀접한 관계 안에서 바깥 세상을 발견해가는 전환기입니다. 마리아 몬테소리는 이 기간이 엄마와 아이가 진정한 애착을 형성하는 '공생 기간'이라고 이름 붙였습니다.

아이의 탄생 이후

아이를 둘러싼 모든 것이 변합니다. 아이는 항상 일정한 온도를 유지하고 빛이 없는 엄마 배 속에서, 엄마의 몸에서 나는 소리를 들으며 매일 같은 하루를 보냅니다. 하지만 태어난 이후 모든 것이 바뀌죠. 스스로 체온을 맞춰야 하고, 산소를 공급받기 위해 호흡하고, 아직 앞도 잘 보이지 않는데 낯선 목소리에 둘러 쌓여 있을 때도 있습니다. 가끔은 이 팔에서 저 팔로 옮겨 다니기도 하죠. 이러한 이유로 아이는 안정감을 얻기 위해 엄마와 신체적 접촉이 필요합니다. 아이는 엄마의 냄새, 심장 소리, 목소리 등을 다시 찾고 안심합니다. 엄마에게도 이 시기는 매우 중요합니다. 그렇게도 오래 배 속에 품고 있던 아이와 아주 가까이 지내며 애착을 형성하는 시기이기 때문이죠. 그래서 생후 6주에서 8주까지 아이와 엄마는 여전히 한 몸과도 같습니다. 아이는 생물학적으로는 출산일에 태어납니다. 하지만 마리아 몬테소리는 아이의 정신적인 탄생은 공생 기간이 지난 후에 비로소 이루어진다고 보았습니다.

생후 몇 주간 아래의 세 가지 접촉이 특히나 중요합니다.
- 속싸개를 사용해 안거나 업기: 이는 엄마와 가까이 있고 안정감을 얻고자 하는 아이의 욕구에 부합합니다.

- 아이를 다루는 방식: 아이를 보살피는 시간에 아이는 부모님의 마음을 전달받을 수 있고 사랑과 애정을 느낄 수 있습니다.
- 수유 또는 젖병으로 우유 먹이기: 이 시간은 진정한 애착의 순간 입니다. 아이는 부모님의 눈을 가까이 바라보며 신체적으로나 정신적으로나 쑥쑥 자라게 됩니다.(특히 수유를 할 때)

그럼 아빠는요?

아빠도 당연히 임신에서 출산까지 없어서는 안 될 역할을 합니다. 특히 공생 기간에도 말이죠. 아빠에게도 이 기간은 애착 형성의 기간 이며 진정한 아빠로 거듭나는 시간입니다. 무엇보다도 아빠는 엄마 와 아이가 공생하는 이 기간 동안 보호자 역할을 하지요. 생후 몇 주 간 모든 것이 잘 흘러가도록 아빠는 든든한 지원, 도움, 보호를 아낌 없이 보냅니다.

아이에게 있어서 부모와의 애착 형성은 가장 중요하다고 할 수 있 습니다. 이 시기를 통해 아이는 자신을 둘러싼 환경을 믿게 되고, 세 상에 대한 호기심을 키워갑니다. 그렇습니다. 여러분과 형성한 강한 애착으로 나중에 아이는 건강하고 평온하게 여러분으로부터 독립하 게 될 것입니다.

69 | 아이를 위한 네 가지 기준점

> 몬테소리 철학에 따르면 준비된 가정은 셀 수 없이 많은 장점이 있습니다. 준비된 집은 아이가 일찍이 각성하고 주변 공간에 적응하도록 돕습니다. 여러분의 집에 잠시 동안 아주 중요한 손님이 온다고 가정해보세요. 이 손님은 여러분과 다른 것을 필요로 하고 시간이 지날수록 자연스럽게 변할 것입니다.

아이를 위해 고려해야하는 네 가지 기준점과 같은 장소는 아래와 같습니다.

- 잠을 자는 장소
- 밥을 먹는 장소
- 몸을 가꾸는 장소
- 움직이는 장소

아이를 위한 장소는 단순하고 정돈되어 있어야 합니다. 또한, 장난감이 쉽게 닿을 수 있는 곳에 있어야 하며 그 수가 제한적이어야 합니다.

70 | 스스로 선택하는
낮은 침대의 힘

> 가정에서 아이가 첫 번째 기준으로 삼는 장소는 바로 누워서
> 잠을 자는 곳입니다. 아이가 떨어지는 것을 막기 위해 울타리
> 가 쳐져 있는 기존의 침대는 오히려 부모님의 안심을 위한 것
> 입니다. 몬테소리 가정에서는 바닥 위에 낮은 침대를 놓는 것
> 을 선호하죠.

낮은 침대의 장점

아이는 잠자는 곳을 탐구할 수 있을뿐더러 시력 또한 발달합니다.
필요에 따라 부모님은 아이와 함께 누워있을 수도 있지요. 이 침대를

통해서 아이는 넓은 활동 영역을 확보하게 됩니다. 신생아 또한 침대에서 구르고 내려올 수 있습니다. 몇 번의 시도를 통해 아이는 다치지 않는 법을 배우고, 침대 위에 누워있는 것이 더욱 편안하다는 사실을 알게 될 겁니다. 어른은 아이가 경험을 통해 배운다는 것을 믿고 기다려줘야 합니다.

낮은 침대를 설치하면 아이는 피곤함을 느낄 때 어른이 눕혀주는 걸 기다리지 않고도 스스로 누워있을 것입니다. 우리는 이쯤 되면 아이가 스스로 일어날 수 있을까 궁금해질 것입니다. 사실 아주 어렸을 때부터 안전하고 준비된 환경에 노출된 아이는 아침에 장난감을 가지고 놀고 있을 것입니다. 스스로 일어나기는 낮은 침대를 처음부터 적용하지 않았다면 시간이 조금 더 걸릴 수도 있습니다. 하지만 기억하세요. 스스로 일어나 노는 것은 아이에게 많은 노력을 필요로 하는 과정이랍니다.

잠자는 것은 스스로 깨우치는 습관입니다. 우리가 아이에게 '언제' 그리고 '어떻게' 자는지 일찍 교육한다면 아이의 자율운동 기관은 빠르게 이를 습득할 것입니다.

71 | 탄생부터 함께하는 토폰치노 만들기

> 여러분들은 아마도 토폰치노에 대해서 들어본 적이 없으실 겁니다. 하지만 토폰치노는 아이가 태어나고 처음 몇 달간 꼭 필요한 물건이랍니다. 아기 크기만한 작은 이불로, 토폰치노는 침대 위에 놓여 아이를 감싸주는 물건입니다. 토폰치노는 타원형을 하고 있으며 유연하고 얇습니다. 토폰치노는 탄생부터 몇 주에서 몇 달까지 아이의 신장이나 필요에 따라 아이를 보호할 수 있는 물건입니다.

신생아를 안기 좋게 만들어진 토폰치노는 아이의 체온을 유지하고, 장소를 바꾸어도 아이에게 익숙한 냄새를 간직합니다. 토폰치노는 아이에게 매우 안정감을 주는 물건입니다. 아기를 안을 때 토폰치노를 사용하면 아이가 잘 보호받을 뿐 아니라 충격을 덜 받을 수 있습니다. 이는 아이를 안는 사람이나 아이에게나 아주 편안한 것이죠. 토폰치노는 낮은 침대 위에 바로 놓을 수 있게 만들어져서 잠든 아이를 침대까지 옮기는 데 아주 큰 도움이 됩니다. 물론 토폰치노를 한다고 해서 부모와 아이의 살과 살이 닿는 효과를 저하시키는 것은 아닙니다.

토폰치노는 어떻게 만드나요?

여러분이 아이를 위해 직접 토폰치노를 만들고 싶다면 아래의 안내를 따라 해보세요.

필요한 재료:
- 재봉틀(재봉틀이 없다면 바늘과 실)
- 본을 뜨기 위한 큰 종이
- 토폰치노를 채울 두꺼운 솜
- 유기농 순면으로 된 두꺼운 천
- 커버를 만들기 위한 얇은 순면

1단계: 본뜨기(도식1)

큰 종이 위에 가로 40센티미터, 세로 25센티미터의 직사각형을 그리세요. 가로 양쪽에 컴퍼스로 20센티미터 반지름의 반원을 그리세요. 이렇게 해서 예쁜 타원형이 그려졌습니다!

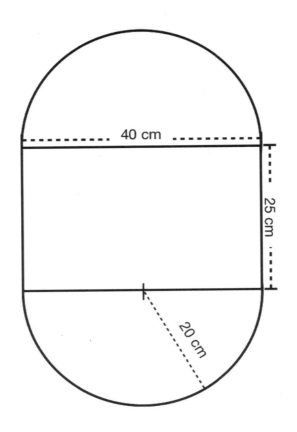

2단계: 속 만들기

- 두꺼운 솜을 1단계에서 만든 본에 따라 타원형으로 자르세요. 원하는 두께를 만들기 위해 솜을 여러 겹 겹쳐도 됩니다.

- 두꺼운 천을 타원형으로 두 개 자릅니다. 바느질 여백으로 1센티미터를 남겨두고 자르세요.

- 자른 두 개의 두꺼운 천이 서로 잘 맞게 포개 놓은 후, 솜을 넣을 입구만 남겨놓고 바느질하세요. 바느질이 끝나면 솜을 잘 넣

어주고 입구를 막아줍니다.

- 커버 안에 솜이 움직이지 않게 잘 고정하려면 토폰치노 군데군데 다섯 바늘에서 일곱 바늘 정도 바느질을 해주세요.

3단계: 세탁할 수 있는 커버

이제 토폰치노가 거의 완성되었습니다. 이제는 커버만 만들면 됩니다. 베갯잇과 비슷하게 토폰치노 커버도 입구를 만들어 속을 쉽게 넣고 뺄 수 있게 만들면 됩니다.

얇은 천을 세 조각으로 자르세요

- 첫 번째 천 조각은 아이를 눕히는 커버의 윗부분입니다. 1센티미터 여백을 남겨두고 본 전체를 따라 타원형으로 잘라주세요.
- 두 번째 조각은 두 개로 이루어져 있으며, 이는 커버의 아랫부분입니다. 두 개 모두 반타원형으로 자르세요. 이 때, 두 조각은 아래의 그림과 같이 서로 겹칠 수 있도록 10센티미터 더 길게 잘라주세요. 바느질하실 때 1센티미터 여백을 남겨두는 것도 잊으시면 안됩니다. 겹치는 부분을 제외하고 가장자리를 바느질해주세요.
- 커버를 다림질해주시고 뒤집어주세요. 토폰치노 속을 커버 안으로 넣어주세요.

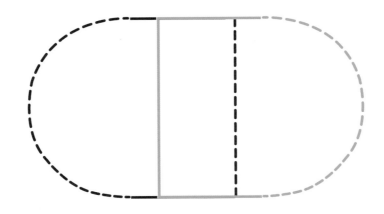

여러분만의 토폰치노가 완성되었습니다! 다양한 모양을 원한다면 여러 가지 커버를 만들어 바꿔보세요.

72 | 태어났을 때부터 5개월까지의 영양 환경

아이가 태어나기 전에 여러분은 아마도 아이에게 우유를 어떻게 먹일 것인지 이미 결정했을 것입니다. 모유 수유와 젖병 중에서 말이죠. 국제 건강 기구는 아이가 태어나고 6개월까지 오로지 모유 수유만 하는 것을 권장합니다. 그 이후에 두 살까지 이유식을 병행하는 것을 추천하지요. 이것은 단지 권장 사항에 불과합니다. 가장 중요한 것은 여러분들이 아이에게 우유를 주는 방식에 편안함을 느끼는 것입니다. 그래야 아이의 식사 시간이 가장 평화롭고 기분 좋은 시간이 되기 때문이죠.

많은 엄마들은 모유 수유에 대해 자신이 정보가 부족하다고 생각합니다. 그리하여 모유 수유에 대해 두려움을 가지고 있거나 이와 관련된 결정을 내릴 때 혼자라고 느끼기도 하지요. 임신을 했을 때부터 산파 또는 모유 수유 전문가에게 조언을 구하는 것을 두려워하지 마세요. 이분들은 여러분을 성심 성의껏 도와줄 것입니다.

아이에게 우유를 주는 특별한 순간

어떤 방식으로 아이에게 우유를 주든지 간에, 신생아에게 우유를 주는 순간은 엄마와 아이가 교감하는 평온한 시간이어야 합니다. 이 순간은 아이가 부모님의 사랑과 애정을 온전히 느끼는 아주 소중한 순간입니다. 따라서 주변에 텔레비전과 같은 그 어떤 형태의 방해도 없는 것이 좋습니다. 이러한 평온한 시간을 가지는 것은 아이의 발달과, 아이가 세상과 만들어갈 관계에서 자신감을 쌓기에 필수적입니다.

"책을 읽거나, 다른 사람과 이야기를 하거나, 텔레비전을 보면서 수유를 하는 것이 이론적으로는 가능합니다. 하지만 이렇게 함으로써 우리는 아이의 심리적 영양 공급과 신체적 영양 공급을 분리하게 되는 것입니다."
– 실바나 몬타나로, 《인간에 대한 이해》

공간이 여유가 있다면, 아이의 방이나 조용하고 안정적인 곳에 편안한 안락의자를 갖다 놓으세요. 수유를 할 때 일어날 필요가 없도록 안락의자 근처에 여러분이 필요한 모든 것을 준비해 놓으세요. 모유 수유를 하신다면 물, 수유 패드, 수유 쿠션 등을 준비하세요. 여분의 배내옷, 손수건, 작은 전등도 준비하시면 좋겠죠. 수유만을 위한 특별한 장소를 마련하면 후에 아이가 규칙적인 습관을 형성하는 데 도움이 됩니다. 물론 밖에서 수유를 하는 경우도 종종 있으실 겁니다. 하지만 조용한 공간에서 규칙적으로 수유하는 것은 아이뿐만 아니라 여러분에게도 매우 좋습니다.

73 | 독립적인 생활을 향한 첫걸음
이유식

모유와 우유는 아이가 태어나고 처음 몇 개월간 아이가 필요로 하는 영양소를 채워줍니다. 생후 6개월쯤 되면 아이는 앉아 있을 수 있고, 첫 유치가 자라나기 시작합니다. 손을 더욱 자유자재로 다룰 수 있게 되며, 모든 것을 탐험하고 싶어 하죠. 우유만으로는 철분이 충분하지 않게 된 아이는 이제 단단한 음식을 소화하기 위한 효소를 생성할 수 있습니다. 아이는 이제 심리적으로나 신체적으로나 다른 음식을 탐험할 준비가 되어 있습니다. 독립적인 생활을 향한 첫 발걸음으로 이유식을 시작하는 아주 중요한 순간이 온 것이죠!

가정에 필수적인 식사 시간

아이가 단단한 음식에 관심을 가지기 시작할 때쯤, 음식을 탐험할 수 있도록 작은 식탁과 의자를 준비해주세요. 이 기간 동안 가능하면 받침대가 없는 높은 의자에 아이를 앉혀서 아이가 가족들과 식사에 참여할 수 있도록 해주세요. 식사를 중심으로 한 사회생활은 아이에게 필수적인 시간입니다. 이 순간 동안 아이는 맛, 촉감 등을 배우고, 어른들을 흉내내기도 하고, 가족들과 의사소통하는 시간을 가집니다. 텔레비전처럼 방해가 되는 것은 차단하고, 아이가 언어를 습득하도록 도와주세요. 가족들과 함께하는 식사 시간은 서로의 생각을 나누는 소중한 순간입니다. 가족들과 식사하는 습관은 아이가 청소년이 되어서도 친구들과 원만하게 지내기 위한 소중한 기초를 다져줄 것입니다.

아이들에게 처음 단단한 음식을 먹일 때 사람들은 보통 미음으로 시작합니다. 하지만 우리는 음식을 다양한 형태로 제공함으로써, 아이가 풍부한 경험을 하고 탐구하는 정신을 가지게 해야 합니다. 이렇게 우리는 점점 '주체적 다각화'라는 개념에 대해 다가가고 있습니다. 조금 큰 음식 조각을 주면서, 아이가 그것을 잡고, 입에 갖다 대어 보기도 하고, 혀로 맛을 보기도 하거나 갉아먹고, 음식을 그 자체로 느끼게 하는 것입니다. 어느 순간 아이가 음식을 먹기도 하겠지요. 주

체적 다각화를 시작하기 전에 소아과 의사에게 문의하세요. 아이에게 위험하지 않은 주체적 다각화를 가정에서 실행할 수 있도록 전문가들은 여러분들에게 많은 정보를 드릴 것입니다.

"수유에서 이유식으로 바꾸는 순간은 아이의 삶에서 아주 중요한 전환점입니다. 이는 긍정적인 분리의 시작 단계이며, 아이가 주체성과 자립심을 키울 수 있게 합니다."
— 실바나 몬타나로, 《인간에 대한 이해》

74 아이가 참여할 수 있는 주방

여러분이 주방에서 바삐 무엇인가를 준비하고 있을 때, 보통은 아이들이 주방에서 무슨 일이 일어나는지 매우 궁금해한다는 것을 분명히 눈치채셨을 겁니다. 주방은 아이들의 마음을 사로잡는 공간이지만, 우리 호기심 가득한 아이들에게 안전한 공간은 절대 아닙니다. 하지만, 몇 가지 아주 간단한 개조를 통해 주방을 배움의 공간, 행복을 나누는 공간으로 바꿀 수 있습니다!

- 우선, 아이가 수도 꼭지에 닿을 수 있을 정도의 높이의 발판을 주방에 마련해 두세요. 만약 여러분이 손재주가 좋고 만들 수 있는 재료가 있다면, '관찰 탑'을 만들어 보세요. 나무 받침대 위에 나무 조각 몇 개를 이어 붙이면 아이들이 식사 준비에 안전하게 참여할 수 있는 장치가 완성됩니다.

- 아이의 자율성을 키우고 혼자 하고 싶어 하는 욕구를 충족시키기 위해서, 주방에 아이만을 위한 공간을 마련해주세요. 아이 키에 맞는 선반이나 서랍을 준비해주세요. 여기에 그릇, 컵, 유아용 식기 세트 등을 놓아주면 아이들은 스스로 간식을 준비하거나 물을 따라 마실 겁니다. 사과 칼과 같은 주방 기구를 잘 사용하기만 해도 아이들과 여러분의 삶은 더욱 편안해질 것입니다. (하지만 아이가 다칠 수 있으니 항상 조심하세요. 아이가 해당 기구를

사용하기에 충분히 컸다고 생각할 때, 어떻게 사용하는지 시범을 보여주세요.)

- 설거지 및 청소 도구를 마련해주는 것도 잊지 마세요. 수세미, 행주, 냅킨, 휴지통 등을 준비해주세요.

- 아이가 식탁에 스스로 앉을 수 있도록 준비해주세요. 아이의 키에 맞는 의자와 식탁을 마련해주세요. 아니면 아이 식탁 의자를 가족들이 식사하는 식탁 바로 옆에 놓아주세요.

간식을 준비하고 주방 일을 돕는 것은 식재료를 배우기에 필수적인 단계입니다. 사람들은 종종 이렇게 말합니다. "우리 아이를 어떻게 하면 좋을까요? 식사를 준비해야 하는데 그럴 때마다 아이는 제 관심을 끌고 싶어 하네요." 아닙니다. 아이는 오히려 식사 준비에 참여하고, 만지고, 느끼고, 맛보고 싶은 것이죠. 이 기회를 이용하세요. 아이에게 딱 맞는 주방은 놀라운 배움의 공간입니다. 주방에서 아이는 다양한 활동을 접할 수 있고 언어의 폭을 넓힐 수 있습니다. 아이는 이 시간을 통해 여러 식재료를 맛보면서 건강한 식생활의 즐거움을 알게 될 것입니다.

75 | 백 마디 말보단
한 번 보여주는 게 빠르다

> 아이에게 새로운 지식이나 행동을 전해주기 위해 가장 효과적
> 인 방법은 보여주는 것입니다. 불필요한 설명은 최대한 배제
> 하고, 아이에게 행동을 천천히 보여주는 것이 가장 좋습니다.

집에서든 학교에서든, 아이에게 새로운 활동을 소개할 때에는 아이가 배워야 하는 움직임에 집중하는 것이 중요합니다. 동작을 느리게 보여줌으로써 아이는 우리의 행동에 집중할 수 있고, 최종적으로는 이를 자신의 것으로 만들 수 있게 됩니다. 주의해야 할 점은 불필요한 말은 최대한 하지 않아야 합니다. 사실, 어린아이들은 목소리를 들으면 쉽게 주의력을 잃고 동작에 더이상 집중할 수 없게 됩니다.

예를 들어 빵에 버터를 바르는 법을 보여주시려면, 아이에게 먼저 여러분이 하고자 하는 것을 다음과 같이 설명해주세요. "자, 엄마가 빵에 버터 바르는 법을 보여줄게" 그리고 나서 여러분이 필요로 하는 모든 재료와 도구의 이름을 알려주세요. 버터를 바르는 순간에는 아무 말도 하지 말고 동작을 천천히 보여주세요. 그리고 나서 아이가 그 동작을 반복하도록 해주세요. 아이가 새로운 행동을 배우는 데는

시간이 걸린다는 것을 꼭 기억해주세요. 아이가 하는 것을 고칠 필요는 없습니다. 그저 어떻게 하는지 다시 보여주고, 아이가 다시 도전하도록 해주세요.

아이가 몇 살인지에 따라 여러분의 역할은 다릅니다

주방은 새로운 것을 배우고 가족끼리 시간을 보내기에 최적의 장소입니다. 아이가 혼자 할 수 있도록 아이의 발달 단계에 맞는 자율성을 주는 것이 중요합니다. 아래에 나오는 바나나 빵 조리법은 모든 나이에 적절합니다.

아이가 2세에서 3세정도가 되면, 여러분은 요리를 시작하기 전에 재료의 무게를 재어 주고 작은 그릇에 따로 준비해주세요. 아이는 이제 혼자서 바나나 껍질을 벗기고, 바나나를 으깨고, 재료를 한 곳에 모아 섞을 수 있을 겁니다. 그러고 나서 양을 잴 수 있는 도구를 아이에게 알려주세요. 그림이 나와있는 조리법을 준비해주고 아이가 최대한 혼자 만들 수 있도록 해주세요. 아이가 글을 읽을 수 있게 되고, 여러분과 바나나 빵을 함께 만들어봤다면 처음부터 끝까지 꼬마 요리사처럼 혼자 만들 수 있게 될 겁니다. 물론 오븐을 사용하는 위험한 순간도 있으니 여러분이 항상 아이와 함께 해야 합니다!

가족과 함께 만드는 요리: 바나나 빵
아이와 함께 만들 수 있는 아주 쉽고도 간단한 조리법입니다.

재료
- 잘 익은 바나나 3개 ■ 밀가루 225g
- 해바라기씨유 75cl (다른 오일도 괜찮습니다.)
- 설탕 80g ■ 이스트 3작은술 ■ 계피 가루 2작은술
- 생강 가루 1작은술 ■ 으깬 초콜릿(선택)

1. 오븐을 180도에서 예열하세요.
2. 바나나를 잘 으깨주세요.
3. 오목한 접시에 바나나 으깬 것을 담고 해바라기씨유, 설탕, 계피 가루, 생강 가루를 넣어 함께 잘 섞어주세요.
4. 밀가루, 이스트, 초콜릿을 넣고 잘 섞어주세요.
5. 반죽이 고르게 잘 섞였으면 미리 기름칠을 해두거나 오븐용 종이를 깔아둔 케익판에 반죽을 부어주세요.
6. 오븐에 넣고 30분간 익혀주세요.

76 │ 영아의 보디케어

> 영아는 보디케어를 완전히 어른에게 의존해야 합니다. 기저귀를 갈아줄 때나, 아이의 옷을 갈아 입힐 때나, 마사지를 할 때나 여러분은 자세에 주의해야 합니다. 아이의 바로 맞은 편에 있어야 합니다.

우리는 자주 어른들이 아이의 옆에 자리잡고 있는 것을 볼 수 있습니다. 하지만 아이의 정면에 있는 것은 가장 편안한 자세일 뿐만 아니라 아이와 애착을 형성하기 위해 가장 좋은 자세이기도 하죠. 어른이 아이의 정면에 위치하면 아이의 감각 기관을 자극합니다. 그리하여 아이의 몸 양 쪽이 균형 있게 발달할 수 있게 됩니다.

아이가 어렸을 때부터 배변 활동(소변/대변)에 대해 긍정적으로 대화를 열어주세요. 가능하다면 빨아서 재사용이 가능한 면 기저귀를 사용하세요. 다른 기저귀보다 경제적이고 환경 친화적이며, 면 기저귀는 특히 아이의 뇌와 신체적 활동이 관계를 형성하는 것을 돕습니다. 면 기저귀는 일반 기저귀보다 흡수력이 떨어집니다. 아이가 배변 활동에 대한 인식을 가지기 위해 깨끗한 기저귀와 축축한 기저귀의 차이를 느끼는 것은 필수적입니다. 빨래 시간을 절약하기 위해 면 기저귀를 전문으로 세탁해주는 업체도 찾아보실 수 있습니다.

아이가 좀 더 크고 누워있는 것보다 서 있는 것을 좋아하게 될 때 화장실에서 배변 활동을 하도록 안내해주세요. 작은 배변기를 설치해 차근차근 시작해도 좋습니다.

아이를 위한 화장실 환경

몬테소리 환경에서 화장실은 아이가 독립적으로 활동할 수 있도록 조성되어 있습니다. 눈높이 거울, 발 받침대, 아이의 손이 닿을 수 있는 수건과 비누가 있어야 합니다. 아이가 위생 관념을 배우고 스스로 이를 실천하는 것은 아이에게나 가족에게나 높은 단계입니다.

어른들이 어디에 있든지 간에 일관성을 보이는 것이 중요합니다. 집에 있든 유치원에 있든 같은 위생 절차를 아이에게 실천해주세요. 이유식 통, 깨끗한 속옷, 옷을 갈아입기 위해 아이가 앉을 수 있는 작은 의자, 더러워진 속옷을 넣기 위한 바구니 등을 준비해주시는 것은 간단하지만 아이가 점차 독립적으로 깨끗한 생활을 하도록 도울 것입니다.

77 | 스스로 씻을 수 있는 욕실

당연히 어린아이는 씻기 위해서 어른의 도움을 필요로 합니다. 몸을 씻는 시간은 부모님과 아이 사이의 차분한 교류의 시간이어야 합니다.

피부에 닿는 부드러운 물의 감촉, 따뜻한 느낌 등은 아이의 감각이 활발해지도록 돕습니다. 이 순간에 여러분은 아이에게 말을 걸고, 노래를 불러주고, 지그시 아이를 바라보기도 하죠.

아이와 신체적 접촉을 유지하기 위해 아기 목욕 의자 사용은 자제해주세요. 엄마 아빠와 팔이 닿는 것은 아이에게 큰 안정감을 줍니다.(게다가, 아이 목욕 의자는 아이의 움직임을 방해할 수 있습니다.) 너무 힘드시다면 여러분의 키에 맞는 작은 욕조를 준비하는 것도 괜찮습니다. 아니면 아이와 함께 목욕하는 것은 어떤가요?

아이가 좀 더 자라서 걷기 시작하면 아이만을 위한 욕실 공간을 마련해주는 것이 좋습니다. 아이의 키에 맞는 탁자와 물통과 비누를 준비해 아이가 스스로 손을 닦을 수 있도록 해주세요. 물기를 닦을 수 있는 수건, 눈높이 거울, 머리 빗, 칫솔과 치약도 준비해주세요. 아이가 좀 더 크면 화장실 세면대에 발 받침대만 마련해주세요.

손 닦기는 어린아이들이 아주 좋아하는 놀이입니다. 아이들이 스스로 익힐 수 있도록 도와주세요. 이는 앞으로 위생 활동을 배우는 데 필수적인 과정입니다. 마리아 몬테소리는 아이가 손을 오랫동안 닦는 것을 관찰하면서 아이의 내적 발달에는 바로 반복과 집중이 해답이라는 것을 깨달았습니다.

78 | 아이의 발달 단계에 적합한 옷

예비 부모님들이 처음으로 아이를 위해 사는 것은 주로 아이 옷입니다. 작고 소중한 우리 아이가 부드러운 파자마, 예쁜 원피스, 여름에 입을 청 반바지 등을 입는 것을 상상하곤 하죠. 사실, 아이에게 옷이란 엄마의 배 속에서 나와 처음으로 자신을 감싸는 물건입니다. 옷은 아이를 따뜻하게 해주고, 보호하고, 움직임을 도와줘야 합니다. 따라서 아이의 옷은 충분히 조사를 하고 구매해야 합니다. 여러분의 선택을 돕기 위한 가이드라인을 아래에 제시했습니다.

- 천연 소재를 선택하세요. 순면처럼 편안하고, 부드럽고, 아이 피부가 숨쉴 수 있는 소재를 고르세요. 소재는 아이 피부를 보호하기 위해 부드러워야 합니다.

- 몸에 맞는 크기의 옷을 골라주세요. 너무 작거나 너무 커도 아이에게 불편합니다. 특히 아이가 움직이기 시작할 때 몸에 맞는 옷을 골라주는 것은 중요합니다. 태어났을 때부터 아이가 기지개를 펴고 웅크리는 데 불편함이 없는 옷을 골라주세요.

- 아이가 기는 것을 시작할 때, 예쁘긴 해도 치마를 입히는 것은 피해주세요. 치마는 아이들 무릎에 큰 장애물이 될 수 있습니다. 청바지처럼 빳빳한 바지도 마찬가지입니다. 아이가 네 발로 기어다니거나 계단을 오를 때 이런 바지는 무릎을 접는 데 방해가 됩니다.

- 입고 벗기 편한 옷을 선택하세요. 태어나고 처음 몇 개월 동안 아이의 옷을 입히는 과정은 부모와 아이 모두에게 편안한 순간이어야 합니다. 머리를 넣지 않아도 되는 앞쪽에 단추가 있는 바디슈트 등을 구매하세요.

- 옷을 구매할 때 편리함을 우선순위에 두세요. 특히 옷이나 신발을 고정하는 부분을 잘 살펴보세요. 단순함과 편리함이 1순위여야 합니다. 끈, 단추나 매듭이 달린 옷은 나중에 구매해도 됩니다. 아이가 스스로 옷을 입을 준비가 되었을 때, 아이는 혼자 척척 옷을 입게 될 것입니다.

- 신생아에게 손 싸개는 절대 끼우지 마세요. 사실, 아이는 엄마 배 속에서 손으로 자주 얼굴을 만지고 손을 입에 가져다 댑니다. 따라서 손의 자유로운 움직임을 확보해주는 것이 아이의 안정감을 위해 중요합니다. 아이가 얼굴을 손톱으로 긁을까봐 걱정되신다면 손톱을 조심스럽게 다듬어주세요.
아이가 걸음마를 시작하기 전에, 팔꿈치, 무릎, 손이나 발처럼 아이가 받치고 서는 부위를 최대한 자유롭게 해주세요. 신발도 아이의 움직임을 방해할 수 있습니다.

아이를 위한 옷방

아이가 최대한 스스로 옷을 입고 옷을 선택할 기회를 주기 위해서, 아이 키에 맞는 작은 옷방을 설치해주세요. 옷걸이, 선반, 서랍 등을 마련해 아이가 온전히 옷 한 벌을 스스로 입을 수 있도록 해주세요. 하지만 아이에게 적당한 선택권을 주세요. 특히 아주 어린아이는 두세 벌의 옷도 충분하답니다. 옷방에 작은 의자를 두고 아이가 앉아서 편안하게 옷을 입고 벗을 수 있도록 해주세요. 아이가 혼자서 하고 싶어 한다면 문제없겠지만, 아직 익숙해하지 않아 한다면 어떻게 옷을 입고 벗는지 천천히 보여주세요. 그리고 나서 아이가 혼자 시도하

도록 놔두시고, 인내심을 가지고 말을 하지 않고 관찰하세요. 아이가 혼자서 옷을 입고 벗는 것이 잘 되지 않아 짜증을 내는 게 느껴질 수도 있습니다. 이런 경우에는 아이에게 "도와줄까?" 라고 먼저 물어보시고 옷을 입는 것이 쉽지 않은 것임을 말씀해주세요. 아이가 마침내 스스로 옷 입기에 성공하면 마음을 다해 칭찬해주세요. "파란색 바지 골랐네. 혼자 입은 것도 엄마가 봤어!"라고 말이죠.

놀라워도 박수를 치거나 아이에게 보상을 해줄 필요는 없습니다. 이는 아이가 독립하는 과정이지 여러분을 기쁘게 하는 것이 목적이 아닙니다.

79 | 자유로운 움직임이 자연스러운 발달을 유도한다

> 아이에게 네 번째 기준이 되는 장소는, 어쩌면 집보다 더 중요한 공간일 수도 있습니다. 바로 움직이는 공간이죠. 예민한 시기에 아이가 필요로 하는 것을 충족시켜줄 수 있는 적절하고 분리된 장소를 마련함으로써, 아이는 안전하게 공간을 탐구할 수 있게 됩니다.

아이를 위한 이상적인 공간은 벽을 맞대고 바닥에 놓여있는 얇은 매트리스입니다. 벽에는 바닥과 평행하게 50센티미터 높이로 거울을 설치하면, 이를 통해 아이는 자신을 관찰하고 자신의 성격에 대해 알아갈 수 있습니다. 거울에 비친 모습은 아이의 원활한 움직임을 돕습니다.

거울과 움직임

여러분은 아이들이 얼마나 거울을 보는 것을 좋아하는지 눈치채셨나요? 자신이 무엇을 보고 있는지 의식하지 못하더라도 거울은 아이의 호기심을 자극합니다. 공간을 확대하는 이 단순한 물체는 아이가 자신의 몸이 가진 능력을 알아내는 데 큰 역할을 합니다.

아이가 앉을 수 있게 되면 거울 앞에 낮은 가로봉을 놔주세요. 아이는 가로봉을 만지기 위해 움직일 것이고, 나중에는 그것을 잡고 스스로 일어날 것입니다. 그리고는 거울 앞에서 미소를 짓겠죠. 보행기와 같이 걸음마를 돕기 위한 시중의 제품은 아이의 자연스러운 발달에 도움이 되지 않습니다. 아이가 자신의 신체 능력을 깨우칠 수 있는 시간과 장소만 제공한다면, 아이는 자신의 발달 속도에 맞추어 자연스럽게 걷는 법을 깨우칠 것입니다. 아이를 격려하는 것은 이롭지만 인공적으로 아이의 발달을 가속화하는 것은 역효과를 가져올 수 있습니다.

아이가 네 발로 기어다니거나 걷기 시작하면 아이의 안전을 완전히 확보하고 모든 주의를 기울여주세요. 그래야 아이가 계속해서 자연스러운 욕구를 탐구하고 이를 만족시킬 수 있습니다.

80 | 운동 신경 발달에 따라
변화하는 공간

{ 생후 5개월경이 되면 아이는 아주 빠르게 근육이 발달하고 움
직이고 싶어 합니다. 더 많은 공간이 필요하게 되죠. 매트리스
는 충분히 넓어야 하며, 아이의 앞이나 시야를 가리는 장애물
이 없어야 합니다. }

가장 단순한 매트리스를 선택하세요. 아이가 침대 위의 물체를 잡
을 수 있도록 시야에 방해가 되지 않는 단색의 커버나 눈에 띄지 않
는 그림의 커버를 씌우는 게 좋습니다.

대부분의 '플레이 모빌'은 사실 아이에게 너무 많은 자극이 됩니다.
너무 많은 색깔, 그림, 재료, 가끔 모빌에 붙어있는 거울, 음향 효과
등 동시에 이 많은 것은 불필요하기도 하며 오히려 아이의 발달에 방
해가 됩니다. 한꺼번에 너무 많은 정보는 아이가 매트 위에 있는 장
난감도 눈치채지 못하게 합니다.

아이의 탐구욕 촉진시키기

아이는 더 많이 움직일수록 주변 환경을 탐구하고자 하는 욕구가

강해집니다. 아이의 활동 영역을 아기 울타리 안으로만 한정하지 마세요. 여러분의 소중한 물건을 높은 곳에 보관하거나, 몇 달 동안은 선반이나 벽장에 보관해 두세요. 아이에게 계속 "안 돼"라고 말하거나 아이를 아기 울타리 안에 옮겨 놓는 것보다 훨씬 간단한 일입니다.

낮은 테이블, 두꺼운 쿠션, 발 받침대 등은 아이에게 좋은 지지대입니다. 아이는 거울 앞 가로봉에서처럼 지지대를 딛고 서 있을 수 있게 될 것입니다. 두 발로 일어서는 순간은 아이에게 일생일대의 순간이자 자신감을 키우는 중요한 순간입니다. 그렇기에 아이를 전적으로 지지해주시고 "조심해, 넘어질라"또는 "넘어지겠다"와 같은 말은 하지 말아주세요. 아이의 곁에 있어 주면서 아이가 넘어질 경우를 대비해 민첩하게 움직일 준비를 하세요. 아이의 활동 영역에 정말 중요한 물건이 있다면, "이 물건은 깨질 수 있어"라거나 "이 물건은 약해. 엄마가 보관하고 다른 곳에 가져다 놓을게"라는 말을 아이에게 해도 됩니다.

어른과 마찬가지로 아이에게도 불확실한 결과를 얘기하는 것보다, "바닥이 아주 미끄러워" 또는 "여기에 발을 디디고 몸을 지탱해"와 같은 유용한 정보를 주는 것이 좋습니다. 아이는 그 말을 신뢰하고, 여러 위험을 인지하여 신중하게 행동할 것입니다.

같은 선상에서 마리아 몬테소리는 '최대한의 노력'이라는 개념을 제시한 바 있습니다. 아이는 종종 무거운 것을 들고 싶어 합니다. 이는 자신에게 던지는 도전장이기도 하죠. 도와주고자 하는 마음은 잠시 접어두고 아이를 제지하지 마세요. 아이는 자신의 힘을 다루는 법을 익히는 중이며 의지를 실현하고, 신체적 한계를 경험하는 중입니다!

81 | 장난감 상자가 아닌 선반을 활용하라

> 아이가 걷기 시작하면 집 전체는 아이의 놀이 공간이 됩니다. 그렇다고 장난감이 아무 방에나 널브러져 있어도 되는 것은 아니죠. 조용하고 편안하고 빛이 잘 들어오는 공간을 아이 장난감 방으로 골라주세요. 장난감 방은 방 전체여도 되고, 방이나 거실의 일부여도 괜찮습니다.

장난감 상자보다는 선반을 선택하세요

우리는 주로 장난감을 정리하기에 가장 실용적인 것으로 상자를 선택하곤 합니다. 상자를 열고 그냥 안에 넣기만 하면 되니까요. 하지만 장난감 상자가 클수록 그 안에 들어가는 장난감은 많아질 것이고, 원하는 것을 꺼내기 위해 더 많은 장난감을 꺼내야 합니다.

여러분의 옷이 상자 하나에 섞여 있다고 생각해보세요. 어떤 옷이 있는지 보기도 힘들뿐더러 옷장을 충분히 활용하지도 못할 것입니다. 선반을 설치하면 장난감이 뒤죽박죽 쌓이는 것을 막을 수 있습니다. 작은 바구니, 받침대, 선반 등을 활용해 장난감 하나하나를 제자리에 놓아주세요. 정리가 훨씬 간단해지고 아이들이 장난감을 훨씬 잘 가지고 노는 것을 확인하실 수 있을 겁니다.

아이의 키에 맞는 선반

아이의 독립심과 자립심을 최대한 키우기 위해서 너무 높은 선반은 피하세요. 아이들이 장난감을 고를 수 있도록 선반에 무엇이 있는지 볼 수 있어야 합니다.

선택권을 좁히세요

아이가 장난감이 많다면 몇 가지만 추려내세요. 다른 장난감들은 상자에 넣고 아이의 손이 닿지 않는 곳에 보관하세요. 아이가 해당 장난감을 가지고 노는지 잘 관찰하시고, 정기적으로 선반에 있는 장난감을 바꿔주세요. 파손된 장난감이나 너무 감각적 자극이 많은 장난감은 재활용에 내놓으세요. 예를 들어 색깔이 너무 많고, 반짝반짝거리고, 음악이 나오는 동시에 움직이는 장난감은 아이에게 적절하지 않습니다. 한 번에 한 가지 정보면 충분하답니다! 장난감을 고르는 기준은 89번 '장난감 선택 가이드'에서 다시 보도록 하겠습니다.

작은 의자와 책상

아이가 놀이에 집중하는 환경을 조성하기 위해 선반 근처에 작은 의자와 책상을 마련해주세요. 아이가 앉았을 때 발이 바닥에 닿는지 점검해주세요.

82 | 시각 발달을 위한 모빌

몬테소리 장난감을 둘러보면 모빌을 발견할 수 있습니다. 모빌은 아이의 시력 발달을 위해 만들어졌습니다. 신생아의 시력은 완전히 발달한 상태가 아닙니다. 모빌은 아이의 시력을 개선하고, 더 나아가 형체와 색깔을 구분하는 데 도움을 줍니다. 신생아는 태어나고 3개월째부터 눈이 잘 보이기 시작합니다. 시력 발달은 2세경이 되면 완성되지요.

아이의 성장에 맞춘 몬테소리 모빌

- 흑백 모빌: 단순한 기하무늬로 구성되었습니다. (신생아때 사용 가능)
- 팔면체 모빌: 세 개의 원색으로 빛나는 팔면체로 구성됩니다. (생후 4~6주에 사용 가능)
- 공 모빌: 색이 점점 옅어지는 다섯 개에서 일곱 개 공으로 구성됩니다.(생후 6주~10주에 사용 가능)
- 발레리나 모빌: 빛나는 종이로 만든 사람 모양으로 구성됩니다.(생후 3~4개월에 사용 가능)

아이가 발레리나를 손으로 잡고자 하는 것을 확인하면 다른 모
빌을 사용해도 됩니다.

　반짝거리는 모빌이나 소리가 나는 모빌도 있지만, 이는 아이의 집
중을 흐트러뜨립니다. 모빌은 단순한 것이어야 하고, 자연스럽고 천
천히 움직여야 합니다.

83 | 손 발달을 위한 모빌

생후 3개월 정도부터 아이의 시력은 점차 발달합니다. 더 많은 색깔을 구별할 수 있게 되고 시력이 점점 좋아집니다. 아이는 자신의 주변에 있는 사물에 관심을 느끼고 잡고 싶어 할 것입니다. 몬테소리에서 만든 손의 발달을 위한 모빌을 아이에게 소개해주세요. 아이는 이를 통해 자신의 주변을 탐구하고, 움직임을 다듬으면서 자신감을 얻게 될 것입니다.

이 시기 동안에는 충분히 아이의 관심을 끌고 아이가 손을 내밀게 하는 물건을 보여주어야 합니다. 손으로 잡는 연습의 첫 걸음인 셈이죠.

아래 시중에서 쉽게 구하실 수 있거나 집에서 만들 수 있는 모빌을 소개했습니다.

- **3색 공 모빌**: 3개월째부터 아이는 원색을 아주 잘 볼 수 있게 됩니다. 또한, 색깔은 아이의 시선을 매우 잘 끄는 요소이죠. 이 모빌은 나무 막대기에 가로로 달린 파란색, 빨간색, 노란색의 세 가지 공으로 이루어져 있습니다. 아이는 누워서 이 모빌을 볼 수 있지요.

- **방울 리본 모빌**: 리본에 큰 방울이 달려있는 이 모빌은 간단하지만 효과적입니다. 리본은 되도록이면 탄력이 있는 고무 재질이 좋습니다. 아이는 팔을 움직이면서 주먹으로 방울을 만지고 동시에 방울 소리를 듣게 됩니다. 처음에는 우연히 방울을 건드려 소리를 나게 했지만, 아이는 점차적으로 자신의 행동이 소리를 유발했다는 것을 깨닫게 될 것입니다. 스스로 방울 소리를 내는 것은 아이에게 아주 즐거운 활동이죠. 주변 환경을 제어하는 형태의 활동은 아이가 자신감을 갖게 하고 스스로의 능력을 깨우치는 데 큰 도움이 됩니다.

- **손잡이 리본 모빌**: 원리는 방울 리본 모빌과 같습니다. 손잡이 리본 모빌(아니면 여러분이 더이상 쓰지 않는 팔찌로 손잡이를 대체해도 됩니다.)을 통해 아이는 물건을 잡는 연습을 할 수 있습니다. 손잡이는 너무 두꺼워서도 안되겠지요.

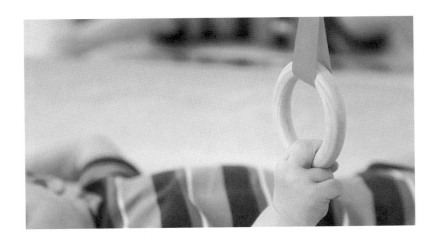

인내심을 가지세요. 아이들은 각자의 리듬이 있습니다. 아이들은 지금 당장 자기 위에 있는 사물을 잡는 것을 어려워하겠지만, 그것을 바라보고 집중하는 것만으로도 배우고 있는 중이랍니다.

"바로 움직임을 통해 의지는 몸 구석구석에 퍼지고 이루어지게 됩니다."
– 마리아 몬테소리, 《어린이의 비밀》

"움직이는 것은 문제가 아닙니다. 중요한 것은 똑똑하게 움직이는 것이죠. 인간은 의지와 근육 사이의 관계를 구축하지 않았다면 어떤 것도 이루어 내지 못했을 것입니다." – 마리아 몬테소리, 《어린이는 인간의 미래다》

84 | 잡기 연습 장난감

일반적으로 생후 5개월이 되면 아이는 근처에 있는 물건을 잡고 싶어 하기 시작합니다. 아기 매트 위에 작은 바구니를 준비해주시고, 그 안에 아이가 잡고 놀 수 있는 사물을 몇 가지 넣어주세요.

몇 가지 예시:

- 딸랑이 장난감(천연 재료로 만들어진 것을 사용해주세요.)

- 손잡이 모양 장난감 또는 서로 엮여 있는 원반 장난감: 아이의 양 손이 발달하도록 돕습니다.
- 돌기가 있는 공: 돌기가 있어 아이가 잡기 쉽습니다. 아이는 공을 입에 가져가는 것을 좋아할 것입니다.
- 재질이 다른 공들: 아이의 촉감 발달에 좋습니다.

작은 장난감을 아이 근처에 놔두시고 아이가 이것을 잡기 위해 집중하는 것을 관찰하세요. 아이가 사물을 잡을 수 있게 될 때까지 인내심을 가지세요. 많은 시도를 통해 장난감을 잡는 데 성공한 아이는 즐거움을 맛보고 자신의 능력에 대한 자신감을 가지게 될 것입니다!

85 | 소리 장난감으로 시작하는 청각 훈련

> 태어날 때부터 아이는 부모님의 목소리를 알아챕니다. 또한 아이는 높은 음에도 매우 민감합니다. 아이의 청각 발달이 완성되지 않았기 때문에 너무 크거나 강한 소리에 노출시키면 안 됩니다. 이는 아이의 청각 손상을 초래할 수 있습니다.

날이 갈수록 아이의 청각은 발달합니다. 청각 발달을 돕기 위해 아이에게 다양한 청각 경험을 제공해주세요. 각기 다른 소리를 들을 때마다 아이는 소리가 나는 곳을 향해 고개를 돌리고, 돌아눕고, 고개를 들고, 기어갈 것입니다.

몇 가지 예시

- **방울 장난감:** 방울은 아이들이 언제나 좋아하는 장난감이죠. 딸랑이든 원통 안에 굴러다니는 방울 장난감이든, 그 소리는 아이들의 흥미를 끌기에 충분합니다.

- **음악 상자:** 손으로 조작하는 음악 상자, 전자 음악 상자는 어린이와 어른 모두를 매료시킵니다. 음악 상자는 매우 예쁘기도 하죠.

- **음악이나 노래**: 시간을 내어 아이와 함께 음악을 듣는 시간을 가지세요. 노래를 불러주시거나 악기 연주를 해주세요. 세계 음악을 듣는 것도 좋겠지요. 좋은 품질의 음악을 들려주세요. 플라스틱 장난감에서 나는 소리 같은 현실과 동떨어진 소리는 아이의 청각 발달에 하나도 도움이 되지 않습니다.

86 | 손과 눈이 함께하는 놀이

아이는 앉아 있을 수 있게 되면 손을 자유롭게 움직이고 물건을 조작하기 시작할 것입니다. 누워만 있어서 손을 자유자재로 움직일 수 없던 시기는 지난 것이죠. 아이는 눈과 손의 협응을 시작할 것입니다. 이는 자신이 받는 시각 정보를 통해 손가락과 행동을 조절하는 것을 의미합니다. 이제 아이에게 도형 맞추기 장난감처럼 눈과 손의 협응력 발달에 특화된 놀이를 소개해줄 때가 왔습니다.

예를 들어, 몬테소리 '도형 맞추기 상자'는 생후 8개월 정도 된 아이에게 굉장히 재미있는 놀이입니다. 해당 상자는 윗부분에 도형을 끼워 넣을 수 있는 구멍이 있습니다. 도형이 상자 안으로 들어가면 작은 출구를 통해 다시 나옵니다. 사라졌던 도형이 마법처럼 다시 나타나는 것이죠. 도형을 잡고 상자 안에 넣는 놀이를 하면서 아이는 눈과 손의 협응력을 발달시키게 됩니다. 이뿐만 아니라 아이는 사물의 항구성이라는 새로운 개념을 배우게 됩니다. 아이는 사물이 보이지 않는다고 해서 사라진 것이 아님을 깨닫습니다.

시중에 많이 나와있는 탑 쌓기 장난감 또한 생후 8개월 아이에게 적합합니다. 하지만 도형 맞추기 상자와 비슷한 효과를 보시려면 탑의 막대 부분과 가장 큰 고리만 남겨주세요. 동그라미처럼 아주 간단한 퍼즐 맞추기 놀이도 아이에게 제시해보세요. 아이가 퍼즐을 잡기 쉽도록 손잡이를 퍼즐에 달아주세요. 아이가 간단한 퍼즐에 익숙해지면 삼각형, 사각형과 같이 더욱 복잡한 모양을 제시해보세요. 나중에는 여러 가지 도형을 한 자리에 놓고 놀 수 있도록 해주세요. 아이에게 시범을 보여주실 때 천천히 정확하게 보여주시는 것을 잊지 마세요.

가정에서 찾을 수 있는 장난감

여러분의 집에도 장난감으로 활용할 수 있는 물건이 있습니다. 열고 닫을 수 있는 바구니 안의 작은 상자들, 여러 가지 물건이 담긴 오래된 손가방은 아이가 물건을 넣었다 뺐다 하면서 놀 수 있습니다. 여러분이 더이상 쓰지 않는 카드가 꽂혀있는 오래된 지갑도 아이에게는 좋은 장난감이죠. 가능성은 무한합니다. 아이가 자랄수록 아이는 더욱 복잡한 놀이를 할 수 있습니다. 예를 들어 지퍼락, 찍찍이, 자석, 똑딱이 단추처럼 여러 종류의 닫는 장치를 보여주고 아이가 혼자 해볼 수 있도록 해주세요. 아이들은 여러분이 새로 구입한 장난감보다 가정에서 찾을 수 있는 장난감에 더 관심을 보일 가능성이 큽니다.

생후 18개월부터 혹은 조금 더 지나 2세부터 아이의 놀이는 더욱 정교한 형태를 띠고 아이는 두 손을 동시에 자유자재로 움직일 수 있게 됩니다. 이제 그림 그리기, 줄에 진주 꿰기, 가위 사용하기, 찢고 붙이기와 같은 예술적인 놀이도 할 수 있게 되지요. 이뿐만 아니라 이제 실생활에서도 아이는 손을 능숙하게 다룰 수 있습니다. 겉옷 단추 잠그기, 물 따르기, 포크 사용하기, 빵에 잼 바르기, 머리 빗기 등을 할 수 있을 겁니다.

아이가 점차 성장할수록 할 수 있는 놀이도 복잡해집니다. 이제 아이는 집짓기 놀이, 점토 놀이, 목걸이 만들기, 심지어 바느질 놀이도 할 수 있지요.

마지막으로, 눈과 손의 조화로운 운동 신경 발달을 위해 아이에게 가장 좋은 방법은 스스로 움직이도록 기회를 주는 것입니다. 아이가 2세가 됐을 때쯤 아이가 혼자 과자 상자를 열고 싶어 하면 그렇게 할 수 있도록 기회를 주세요. 이 과정은 여러분에게 매우 느리게 느껴지고 중간에 개입하고 싶어질 것입니다. 하지만 아이가 짜증을 내지 않는 이상 스스로 하도록 놔두세요.

자율성과 조작은 하나의 짝임을, 그리고 다른 사람이 대신 어떤 활동을 해주면 아이는 이를 배울 수 없음을 잊지 마세요.

87 | 아이와 함께하는 집안일

> 어른들은 너무 빈번하게 아이를 주방 일이나 청소, 정원 가꾸기와 같은 집안일에서 배제시키곤 합니다. 아이들이 어른들처럼 일을 잘하지 못할까봐, 혹여 더 어지럽힐까봐, 시간이 더 오래 소요된다는 이유로 말이죠. 하지만 아이에게 중요한 것은 목적 달성이 아닌 집안일에 참여하는 것 자체입니다. 아이들에게 기회를 주지 않는다면 아이들은 배울 수 없습니다.

아이가 자율적이고 독립적인 사람이 되려면 연습하고 또 연습해야 합니다. 똑같은 행동을 수도 없이 반복해야 하지요. 실생활에서 연습은 아이가 후에 습득해야 할 역량을 간접적으로 체득할 수 있는 기회입니다. 또한, 글쓰기와 같이 팔과 손을 움직이는 활동을 가정에서 함으로써 지적 능력에 필요한 기초도 쌓을 수 있습니다. 집안일은 실생활이 중요한 위치를 차지하는 몬테소리 학교와 가정을 연결 짓는 접점이기도 합니다.

아이는 집안일에 참여함으로써 스스로 하는 힘을 기르고 가정생활에 적극적으로 참여하는 법을 자연스럽게 배울 수 있습니다.

가정에서 실생활 체험

아이가 아주 어렸을 때부터 시작하세요. 예를 들어 저녁 준비 시간에 아이가 부엌에서 여러분 근처에 있고 싶어 한다면, 아주 간단한 일을 맡겨주세요. 여러분이 저녁 식사로 수프를 만드신다면 아이에게 야채 한두 개를 씻어달라고 부탁하세요. 이런 작은 일에 참여하는 것만으로도 아이의 참여욕을 충족시킬 수 있으며, 소속감을 느끼게 할 수 있습니다. 바빠서 집안일을 자주 못하더라도 중요한 것은 아이가 자신이 쓸모 있고 적극적인 존재이며, 어딘가에 소속되어 있다고 느끼는 것입니다.

시간이 지나 여러분은 아이들에게 더욱 복잡한 일을 맡길 수 있을 것입니다. 첫 시도부터 아이가 완벽하게 일을 하리라고 기대하지

마세요. 모든 것에는 시간과 연습, 많은 인내심이 필요한 법입니다. 아주 간단해 보이는 집안일도 완벽하게 하기 위해서는 시간이 필요합니다. 하지만 여러분이 아이에게 아주 어렸을 때부터 집안일에 참여할 기회를 준다면, 아이는 곧 가족 모두를 위해 요리할 수 있을지도 모릅니다!

아이들이 참여할 수 있는 집안일의 예를 몇 가지 들어보았습니다.
- **주방에서:** 콩껍질 떼기, 야채 다듬기, 간식 준비하기, 식탁 준비하기, 식기세척기에 그릇 넣고 빼기 등
- **세탁실에서:** 더러워진 옷을 세탁기에 넣기, 세탁한 옷을 바구니에 넣기, 빨래 널기나 건조기에 옷 넣기 등
- **청소를 하면서:** 식탁 닦기, 유리창 닦기, 빗자루질 하기, 바닥 닦기, 먼지 털기 등
- **정원에서:** 나뭇잎 쓸고 모으기, 잡초 뽑기, 씨앗 심기 등
- **밖에서:** 시장 바구니 들어주기, 카트 밀기, 자동차 닦기 등
아이 키에 맞는 도구가 있으면 안성맞춤이겠죠!

88 | 책의 사실과 허구를 구분해야 한다

아이와 함께 책을 읽는 것은 아이의 언어 능력을 개발하는 데 최고의 방법입니다. 이 순간은 아이와 함께 순간을 공유하고, 좋은 추억을 만들고, 웃을 수 있는 시간이기도 합니다. 그렇기 때문에 아이와 함께 읽을 책을 정성을 들여 골라주세요.

6세가 되기 전까지 아이는 모든 것을 흡수합니다. 아이는 일상의 모든 경험, 즉 현실을 통해 자신을 만들어갑니다. 하지만 이 나이까지 아이는 무엇이 사실이고 허구인지 잘 구별하지 못하지요. 아이에게 모든 것은 현실의 일부입니다. 그렇기에 현실적이고 아름다운 것

을 보여줘야 합니다. 식사, 목욕, 산책, 동물, 가족, 슬픈 일과 기쁜 일, 감정, 자연, 풍경 등 실생활을 보여주는 책이 시중에 많이 나와있습니다. 이 시기에 말하는 동물처럼 의인화와 관련된 동화책은 아이에게 아직 보여주지 않는 것이 좋습니다. 아이가 현실과 상상을 구분할 수 있을 때 보여주십시오.

그럼 상상력은 어떻게 키우나요?

안심하세요. 아이들의 상상력은 6세가 되기 전에 요정이나 괴물, 영웅 이야기를 읽지 않아도 충분히 발달할 수 있습니다. 이와 반대로, 아이가 어렸을 때 현실 감각을 잘 키워주면 후에 더욱 풍부한 상상력을 가지고 수많은 이야기를 만들 수 있을 것입니다. 그렇다고 해서 6세 전에 상상력이 가미된 동화책을 아이에게 보여주면 안 된다는 것이 아닙니다. 단지 아이에게 현실에서 곰은 옷을 입지 않고 테이블에서 밥을 먹지 않는다고 알려주세요.

그래도 아이를 놀라게 할 수 있는 동화책은 피해주세요. 어른들에게는 잔인하다고 느껴지지 않는 이야기가 아이에게는 잔인하게 와닿을 수 있습니다.

아이에게 책을 어떻게 들고 읽어야 하는지 보여주세요. 아이가 책은 소중한 것이고, 정성스럽게 다루어야 하는 물건임을 이해할 수 있도록 책장을 부드럽고 조심스럽게 넘기세요. 초반에는 하드 커버 책을 사용하시는 것이 좋습니다. 찢어지거나 많이 상한 책은 아이에게 보여주지 마세요. 책은 언제나 아름답고 읽고 싶은 상태여야 합니다.

89 장난감 선택 가이드

> 마리아 몬테소리는 아이가 자신의 주변 환경에 맞춰 적응하는 것이 이롭다고 한 바 있습니다. 아이는 주변 환경에 맞게 스스로 놀이를 개발할 수 있습니다. 부모의 역할로 중요한 것은 몬테소리 원칙을 잘 이해하는 것입니다. 재료는 필수적인 것이 아닙니다. 아이를 따라주시기만 하면 되지요.

몬테소리 원칙에 대한 높은 관심으로 인해 시중에 소위 몬테소리 이름이 붙은 장난감이나 재료가 나와있습니다. 몬테소리 학교가 이미 아이의 발달을 위해 이미 수많은 기회를 주는데도 말이지요. 아이를 위해 특수한 장난감이나 물건을 사는 것은 필수가 아닙니다. 홈스쿨링을 하고 계신 것이 아니라면 학교에서 사용하는 재료를 가정에서 구매하는 것을 추천하지 않습니다.

아이를 위한 장난감을 구매하실 때 선물 리스트를 작성하시는 것처럼 리스트를 작성해보십시오. 아래 몇 가지 가이드라인이 있습니다.

- 가능한 한 천연 소재 재료를 사용한 장난감을 선택하세요. 아이들은 물건을 주로 입에 가져가기 때문에 독성이 최소한인 장난감을 준비해야 합니다. 천연 소재 장난감은 더욱 다양한 감각 경험을 제공하고 플라스틱보다 좋습니다.
- 빛이 나는 장난감은 피하세요. 그뿐만 아니라, 불필요한 소리를 내거나 건전지를 넣어야 하는 장난감도 구비하지 마십시오. 이러한 장난감은 주의를 산만하게 할 뿐만 아니라, 아이는 소리에 가장 많이 주의를 기울입니다. 소리가 나는 장난감을 아이에게 주고 싶다면 아이가 소리 경험을 하고 상상력을 키울 수 있는 장난감을 준비해주세요. 버튼만 누르면 소리가 나는 장난감은 피해주십시오.
- 가지고 놀 수 있는 방법이 무궁무진한 장난감을 선택하세요. 장난감 회사의 마케팅에 쉽사리 넘어가지 마세요. 가능성이 열려 있

는 장난감은 아이의 상상력을 자극하지요. 아이는 장난감을 요리조리 조립해보기도 할 것입니다. 이러한 장난감은 아이가 빨리 질려 하는 것을 막을 수 있을뿐더러, 다음 단계에 도전하게 하지요. 대표적인 장난감으로 카플라를 들 수 있습니다. 천연 목재로 만들어진 카플라는 간단하고 전통적입니다. 나무 블럭으로 아이는 무궁무진한 방식으로 탑을 만들 수 있습니다. 시간이 가는 줄도 모른 채, 아이는 균형이나 중력과 같은 개념을 배우고, 점점 높은 탑을 쌓는 법을 알게 될 것입니다.

● **언제나 양보다 질을 선택하세요.** 음악 장난감이든, 주방 도구이든지 질이 좋은 것을 선택하십시오. 아무리 귀엽게 생겼어도 제 기능을 하지 못하는 장난감이나 재료는 아이가 쉽사리 짜증을 낼 수 있습니다. 제대로 연주를 하거나 요리를 하지도 못하기 때문이지요. 또한, 질이 나쁜 장난감은 아이의 관심을 덜 끌기 때문

에 아이가 소중하게 다루지 않을 수 있습니다.

- **여러분의 가족이나 친구가 아이에게 정말 선물을 해주고 싶어 한다면, 아이와 시간을 보내는 것이 더 소중한 선물이라고 해주세요.** 함께 산책을 간다거나, 박물관을 방문하거나 동물원에 가는 것도 좋겠지요. 장난감과 관계를 쌓는 것보다 사람 사이에서 관계를 쌓는 것이 아이에게 훨씬 도움이 된답니다.

아래의 질문 리스트는 아이를 위한 장난감이나 활동을 선택하는 데 도움이 될 것입니다.

- 아이가 이 장난감을 가지고 무엇을 배울 수 있을까? 지적 호기심을 자극하는 장난감인가?
- 운동 신경 발달에 도움이 되는가?
- '도형 맞추기 상자'처럼 아이가 새로운 개념을 배우는 데 도움이 되는가?
- 폭력성이 있는 장난감은 아닌지?
- 나이에 적합한 장난감인지?
- 상상력 및 창의력을 기르는데 도움이 되는지?

아이가 특히 어릴 때 장난감으로 활용할 수 있는 물건이 가정에도 충분히 많이 있습니다. 장난감을 필수적으로 구매하실 필요는 없습니다. 아이의 질서 의식과 집중력을 키우기 위해서는 미니멀리즘만한 것이 없습니다.

90 | 아이의 집중력은 방해받지 않아야 한다

> "집중하는 사람은 아주 행복한 자이니, 이웃과 자기 주변에 무슨 일이 일어나는지도 알지 못한다."

이전에 봤듯이, 집중력은 몬테소리 교육법의 중요한 가치입니다. 해당 개념은 가정이나 학교에서 아이 곁에 있어 주는 어른들에 의해 교육받아야 합니다. 우리 모두는 이해하고, 무엇인가를 만들고 창조하는 것에 무궁무진한 가능성을 가지고 태어났습니다. 하지만, 완전히 집중한 상태에서만 이를 실현할 수 있습니다. 아주 깊이 집중한 상태에서 뉴런 체계가 자리를 잡고 견고해지기 때문이지요.

아이가 어떤 활동, '일'에 몰두하고 있는 것을 관찰한다면 아이를 방해하지 말아주세요. 아이를 계속 관찰하고, 무엇이 아이를 고무시키는지 이해하려고 노력해보세요. 아이가 위험한 상황이거나, 누군가를 다치게 하거나, 무엇인가를 손상시키지 않는 이상 아이를 멈추지 말아주세요. 만약 아이가 어떤 것을 더럽히거나 물을 여기저기 뿌린다면, 아이에게 어떻게 청소하는지 보여줄 기회입니다.

"최고야"라는 말도 아이의 집중을 깨버릴 수 있습니다. 아이가 활동을 끝낼 때까지 중간에 개입하지 말아 주세요. 아이들은 어른들과 같습니다. 우리가 일에 집중하고 있을 때 그 누구에게도 방해받고 싶지 않은 것처럼요!

91 | 전자기기는 아이의 두뇌 발달을 저해한다

사람들은 저에게 다음과 같은 질문을 자주 합니다. "언제부터 우리 아이가 텔레비전을 보거나 게임을 해도 괜찮을까요? 적정 시간은 어느 정도인가요?" 오늘날 이런 질문을 하는 것은 중요합니다. 마리아 몬테소리가 살던 시기에 텔레비전은 존재하지 않았기 때문이죠. 그녀도 이 질문에 잘 답변할 수 있었을까요?

오늘날 너무 많은 아이들이 스마트폰이나 텔레비전 같은 스크린 앞에서 보내는 시간 때문에 집중력에 큰 문제를 갖고 있습니다. 신경학계에 따르면 스크린 앞에서 보내는 최면과도 같은 시간보다 실제 삶에서 보내는 시간이 훨씬 아이에게 유익하다는 결과가 있습니다. 화면을 보고 있으면 우리의 뇌는 몽유병에 걸린 것과 같은 상태가 됩니다. 어떤 텔레비전 프로그램을 보더라도 뇌는 자극을 덜 받게 되죠. 자녀의 두뇌 발달을 위해서 부모님들이 똑똑한 선택을 해야 합니다.

스마트폰 주의보

프랑스 심리학자 세르즈 티세론Serge Tisserom은 10년 전에 '3-6-

9-12' 예방법을 발표한 바 있습니다. 이를 통해 부모님과 교육자들은 전자기기의 위험성을 깨달았습니다. 세르즈 티세론은 아이는 3세 전까지 감각 경험 및 타인과의 상호작용을 통해 시공간 감각을 발달시킬 수 있다고 했습니다. 그에 반해 텔레비전(스마트폰과 같은 다른 기기도 포함)을 보는 아이는 다른 사람과의 접촉이 결여된 채 시각과 청각 자료만 뇌로 전달받습니다. 아이의 발달을 위해 써야 하는 소중한 시간을 텔레비전 앞에서 보내게 하는 것은 유용하지도 않을뿐더러 위험하기까지 합니다. 오늘날, 스마트폰과 같은 기기는 우리의 일상생활에 깊게 스며들어 있습니다. 그렇기 때문에 성인인 우리는 아이들 앞에서 특히나 주의를 기울여야 합니다. 부모님을 위한 저의 핵심적인 조언은 다음과 같습니다. 흡수하는 기간(탄생부터 6세까지)에는 스마트폰을 포함한 전자기기를 아이에게 보여주지 맙시다. 이후에는 제한적으로 아이에게 보여주는 것을 추천합니다.

부모님을 위한 가이드
부모님과 아이들은 그 무엇으로부터 방해받지 않는 소중한 시간이 필요합니다. 가정에서는 핸드폰을 꺼주세요. 어려우시다면, 몸을 일으켜서 찾으러 가야하는 곳에 핸드폰을 일부러 놓아주세요. 전화나 볼일이 끝나면 같은 장소에 놔주시는 것도 잊지 마세요. 이메일이나 SNS를 확인해야 한다면, 스스로에게 핸드폰을 보러 가는 목적을 말씀하세요. 스스로 말함으로써 자신의 행동을 더욱 인식하게 되고 가끔은 생각을 바꾸게 되기도 합니다. 아이에게 보여주고 싶은 모습도 다시금 생각하게 되지요.

92 | 아이들은 모두 탐험가

> 모든 아이들은 태어날 때부터 자연을 사랑합니다. 하지만 언어 발달과 비슷하게 아이들이 생애 초기 단계부터 자연에 노출되지 않는다면 자연과의 교감은 쉽지 않습니다. 이를 넘어서 살아있는 모든 것들과 연결되어 있다는 일종의 넓은 소속감 또한 발달하지 않겠지요.

아이들이 자연 속에서 자유롭게 배우고 성장하는 것을 보신 적이 있나요? 아이는 자연의 신비와 자연이 제공하는 모든 것들에 놀라워합니다. 이를 통해 아이는 놀라운 행복을 경험하지요. 일상에서 경험하는 자연과의 교감을 통해 우리는 아이들에게 지구를 아끼고 사랑하는 법을 가르칠 수 있습니다.

자연과의 교감이 부족한 경우

아동과 자연의 권리를 주장하는 미국의 작가 리처드 루브Richard Louv는 자연과의 접촉이 부족했던 젊은 세대중에 비만, 우울증, 집중력 부족과 같은 질환이 높게 발견된다고 밝혔습니다. 그는 자연과의

접촉이 부족하면 나타나는 질병을 '자연 결핍 장애'라고 명했습니다. 리처드 루브는 연구를 통해 자연에 직접적으로 노출되는 것은 아이부터 어른까지 올바른 발달과 신체 및 정신 건강에 필수적이라고 주장했습니다. 그렇지만 어른들은 이 중요성을 잘 인식하지 못합니다.

아이가 태어났을 때부터 자연은 쉬운 방식으로 가정에 존재할 수 있습니다. 예를 들면, 진짜 나뭇잎으로 만든 모빌을 아이에게 줄 수 있습니다. 아니면 정원이나 공원에서 아이와 함께 누워 새소리나 바람 소리를 들어도 됩니다. 빗속에서 아이와 함께 걸어도 되고, 소나기가 한 차례 쏟아지고 나서 나가도 좋습니다. 이 모든 것들은 우리가 새로운 것을 경험하게 하지요. 얼굴에 떨어지는 빗방울의 느낌, 촉촉히 젖은 땅의 냄새, 비가 오고 난 뒤 얼굴을 내미는 달팽이 등 이 모든 작은 경험은 아이의 감각을 일깨우고, 자연을 이해하고 사랑하는 데 필수적인 정보를 전달합니다.

어린아이는 감각 탐험가임을 기억하세요

조금 더 자라면 아이는 여러분과 다양한 자연 체험을 할 수 있습니다. 여름 캠프를 가거나, 야영을 하거나 등산을 함께 할 수 있겠죠. 이 모든 소중한 추억은 아이가 자연에 대한 사랑을 키우는 데 큰 도움이 될 것입니다.

아이의 신체적 또는 정신적 발달을 넘어, 자연과의 접촉은 아이의 전반적인 운동 신경 발달에 큰 역할을 합니다. 숲이든 산이든 자연 속의 장애물은 우리의 한계를 넘어서게 하고, 간단히 공원에서 걷는 것만으로도 우리는 평소에 하지 않는 노력을 하게 됩니다.

아이의 눈에는 모든 것이 새롭습니다. 아이들은 어른들이 보지 않는 것을 볼 수 있고, 주변 환경 그 이상을 탐험하고 이해하고 싶어 합니다. 아이들이 우리를 인도하도록 하는 건 어떨까요? 아이의 눈으로 자연을 새롭게 알아가는 것도 좋을 것입니다.

> "아이들을 풀어주세요. 비가 올 때 밖에서 뛰놀거나, 물 웅덩이나 이슬에 젖은 풀밭을 발견하고 신발을 벗을 때도 아이들이 맨발로 놀게 놔두세요. 나무가 아이들을 그늘로 초대해 나무 밑에서 휴식을 취할 때, 아침 햇살이 잠을 깨워 기쁨의 웃음을 지을 때도 아이들이 자연을 충만하게 느낄 수 있도록 해주세요."
> – 마리아 몬테소리, 《몬테소리의 어린이 발견》

93 | 어른과 아이의 삶의 공간, 집

> 집은 아이의 주요 생활 공간입니다. 집은 아이에게 첫번째 생활 환경이자, 탐구와 호기심의 길로 인도하는 공간이지요. 또한 아이는 집에서 두뇌를 훈련하고 생각을 다듬어 갑니다. 특히 아이가 걸어 다니기 시작할 때보다 기어다니거나 몸을 일으키기 시작할 때 가정이라는 공간이 더욱 중요합니다.

집 안에 있는 모든 것들이 아이의 손을 타고, 제자리에 있지 않고, 손상을 입을 수도 있다는 사실이 부모님에게는 가끔 두려운 것일 수도 있습니다. 아이가 행여나 다칠까 봐 겁을 먹기도 하지만 세심하게 정돈한 물건이 엉망이 될까 봐 걱정이 될 것입니다. 아이는 어른들이 만든 공간에서 성장합니다. 하지만 어른들에게 이는 스트레스의 근원이지요.

종종 우리는 두 가지 극단적인 경우를 관찰합니다. 첫 번째는 박물관 같은 집입니다. 아이는 허락하지 않은 그 어떤 것도 만질 수 없지만, 놀고 탐험할 수 있는 공간이 따로 마련되어 있습니다. 아이는 안전하지만 이것 저것 탐험할 수 있는 가능성이 줄어듭니다. 두 번째 집이 아이에게 점령당한 경우에 해당합니다. 집안 곳곳에 장난감이 넘쳐납니다. 부모님은 자신만의 공간이 없고, 아이 또한 실제 세계를 경험하지 못합니다. 모든 공간이 자신을 위해 존재하는 것은 현실적이지 않기 때문입니다.

따라서 부모님과 아이 각자가 충분히 놀고 휴식할 수 있도록 중간점을 찾는 것이 중요합니다. 물론, 위험하거나 부서지기 쉬운 물건은 아이의 시야에서 벗어나는 곳에 둬야 합니다. 이렇게 함으로써 여러분의 물건도 지킬 수 있습니다. 하지만 아이가 무엇인가를 만지려고 손을 뻗을 때마다 "안 돼. 만지지 마"라고 말씀하시기 전에 위험성을 확인해보세요. "이 물건이 정말 약하거나 위험한 물건일까?", "우리 아이가 이걸 만지면 큰일이 생길까?"라고 말이죠. 가끔은 아이와 함께 물건을 관찰하고, 사물의 이름을 알려주고, 물건을 어디에 정리하는지 보여주기만 해도 아이는 다른 곳으로 금방 관심을 돌릴 수 있습니다.

아이가 생활하는 공간을 준비하는 것은 어른의 몫이지만 본인의 필요도 돌아보는 것이 필요합니다.

94 | 아이를 위한 공간 구성 가이드

아이가 안전하게 주변 환경을 탐험하기 위해서, 우리는 아이를 위한 공간을 생각하고, 혹여 아이에게 위험할 수도 있는 모든 가능성을 고려해야 합니다. 모든 방을 네 발로 기어다니면서 아이의 시선으로 공간을 탐험해보세요. 우리는 두 발로 서 있기 때문에 어린 시절 어떤 위험이 있었는지 잊곤 합니다.

아래 체크리스트를 통해 집의 안전성을 확인해보세요. 모든 위험 가능성을 포함한 리스트는 아닙니다.

모든 방에서

- 아이 눈높이에 있는 콘센트는 콘센트 가리개로 가려주세요.
- 탁상 램프나 침대용 램프는 아이가 기어다니면서 특히 전선을

당길 수 있습니다.

- 창문과 창문 밑에 있는 가구를 확인하세요. 아이가 창문에 다가 가지 않도록 주변의 모든 가구를 치우는 게 좋습니다.

거실에서

- 텔레비전, 전화기, 가전 기구 케이블은 아이의 시야에서 치워야 합니다.
- 아이의 손이 닿을 수 있는 서랍이나 상자의 내용물을 확인하세요.
- 유독성이 있는 화분을 치우세요.
- 선반이 벽에 단단히 고정되어 있는지 확인해야 합니다.
- 커튼 봉이 단단하게 고정되어 있는지 확인하세요. 커튼 조절용 끈이 아이의 눈높이에 있지 않도록 주의하세요. 질식사의 위험 이 있습니다.
- 장식품이 날카로워 손이 베이거나 너무 작아 아이가 삼킬 위험 이 있는지 확인하세요.
- 낮은 테이블은 모서리 보호대를 붙여 사면이 날카롭지 않게 유 지하세요.
- 벽난로나 난로는 화상의 위험이 있어 철제 덮개로 막아 두세요.

주방에서

- 아이의 손이 닿을 수 있는 선반이나 가구의 내용물을 확인하세

요. 주방 도구나 가전제품, 비닐봉투를 아이의 시야에서 치워주
세요. 아이에게는 한두 개 서랍만 남겨두시고 위험하지 않은 물
건만 보관하세요.

- 아이가 가스레인지에 접근하지 않도록 조심하세요.

침실에서

- 장롱이나 선반, 서랍장 등이 벽에 단단히 고정되어 있는지 확인
  합니다.
- 작은 조각으로 분리되는 장난감이나 스펀지처럼 찢어지는 장난
  감은 없는지 확인합니다.
- 장난감 상자: 위에 언급했듯 장난감 상자는 장난감을 정리하기
  에 적합하지 않습니다. 오히려 위험할 수도 있지요. 장난감 선
  반에 잘 정리해주세요.

화장실에서

- 아이의 손이 닿는 서랍장이나 선반에서 면도기, 가위와 같은 날
  카로운 물건을 치워주세요. 샴푸나 약 같은 아이에게 위험할 수
  있는 물건도 멀리 치워주세요.
- 헤어드라이어와 같은 전자기기도 아이의 손에 닿지 않는 곳에
  놔두세요.

그 외

- 차고에서 아이의 손이 닿는 곳에 목공 재료나 청소 도구가 없는
지 확인하세요.

- 정원에 독성을 띄는 식물이 없는지 확인해주세요. 야외 풀장이
나 노천탕 벽에 못이나 뾰족한 것이 없는지 확인하세요.

위의 리스트는 물론 각자의 생활 공간에 따라 다르게 적용될 수 있습니다. 하지만 이를 통해 어른의 시각에서는 볼 수 없는 위험을 인식할 수 있습니다. 이러한 시각에서 단순히 정보만 얻는 것 이상으로, 소방관이나 적십자와 같은 단체에서 응급 처치를 배우는 것도 유익할 것입니다.

95 | 아이에게 화를 내는 중인가, 훈육하는 중인가

몬테소리 교육법을 보충하면서 개개인을 존중하는 교육법인 긍정의 훈육은 학교에서만큼이나 가정에서도 큰 도움이 됩니다.

아들러 심리학 원칙을 기반으로 형성된 긍정의 훈육은 심리학자 제인 넬슨Jane Nelsen에 의해 크게 발달했습니다. 제인 넬슨은 어른

과 아이의 건강하고 조화로운 관계를 깊게 연구하며, 부모는 물론 영아와 아동을 가르치는 선생님들을 대상으로 연구를 발표했습니다.

자존감 교육

오스트리아 의사이자 심리 치료사인 알프레드 아들러Alfred Adler는 마리아 몬테소리와 동시대 사람이었습니다. 이들은 한 번 만났다는 소문이 있는데, 언어의 장벽으로 인해 의사소통이 어려웠다고 합니다. 알프레드 아들러는 개인이 성장하고 잠재력을 모두 표출하기 위해서는 소속감을 느끼고 자존감을 가져야한다고 했습니다.

긍정의 훈육은 절대 소리를 지르거나, 벌을 주거나, 모욕감을 주거나 체벌을 가하지 않고 훈육하는 새로운 방식을 말합니다. 이는 권위적인 교육과 관용적인 교육 중간에 위치하고 있습니다. 긍정의 훈육은 어른의 욕구처럼 아이의 욕구도 존중할 수 있는 단호하면서도 친절한 교육을 할 수 있도록 합니다.

자녀와 마찰이 있을 때, 우리가 행동으로 옮기기 전에 생각해봐야 하는 다섯 가지 긍정의 훈육 기준은 다음과 같습니다.

- 내가 하려고 하는 행동은 아이를 존중하는 것을 보여주고 아이를 격려하는 것인가? 이 행동은 단호하면서도 친절한가?
- 이 행동은 아이에게 소속감을 주고 존엄성을 느끼게 하는가?

- 이 행동은 장기적으로 효과가 있는가?
- 이 행동은 내가 믿고 있는 사회적 가치와 옳은 행동 양식을 전달하는가?
- 이 행동은 아이가 잠재력을 발견하고 자기 스스로 해결책을 찾을 수 있도록 하는가?

"아이가 더 나은 사람이 되게 하려면 우선 스스로를 과소평가하도록 만들어야 한다는 이 개념 없는 생각은 대체 어디서 나온 것일까? 당신이 가장 최근에 수치심을 느꼈거나 부당한 대우를 받았던 때를 떠올려보라. 그 당시에 협업을 해야겠다거나, 더 잘 하고싶다는 생각이 들었는가?"

– 제인 넬슨, 《긍정의 훈육》

96 | 다양한 언어 환경

우리는 세계화로 인해 다양한 언어를 접하는 시대에 살고 있습니다. 그렇기에 우리 아이들을 다양한 언어 환경에 노출시키는 것 또한 중요합니다. 이전에 보았듯이, 언어 발달은 아이가 해당 언어에 노출돼야만 가능한 일입니다. 흡수 정신과 언어에 민감한 시기를 통해, 아이는 태어날 때부터 자신의 주변 환경에 존재하는 언어를 빠르게 흡수합니다. 엄마 배 속에 있을 때부터도 언어 습득을 하고 있지요.

오늘날 여러 가지 언어를 유창하게 말하는 가정을 흔치 않게 볼 수 있습니다. 아이는 힘들이지 않고 언어를 아주 자연스럽게 습득합니다. 물론 어른들이 해당 언어를 완벽하게 구사한다는 조건에서입니다. 사실, 태어날 때부터 아이는 언어의 음소를 들을 수 있습니다. 성인이 되어 언어를 배울 때, 구별하고 따라 발음하기 힘든 소리가 분명 있었을 것입니다. 영아가 이렇게 음소를 모두 알아들을 수 있는 기간은 오래 가지 않습니다. 생후 10개월 정도가 되면 아이는 이전에 노출됐던 언어들에만 특화됩니다. 아이는 여전히 다른 언어를 배울 수 있지만, 시간이 지날수록 새로운 언어를 습득하는 것은 이전보다 더 많은 노력을 필요로 할 것입니다.

외국어 학습

전 세계에서 대부분의 몬테소리 학교는 외국어 학습을 장려하기 때문에 두 가지 언어로 보통 수업을 진행합니다. 교실에는 서로 다른 언어를 할 수 있는 선생님이 보통 두 명이 있습니다. 한 가지 언어를 깊게 배우는 시간이 있고, 두세 가지 언어를 동시에 배우는 시간이 있습니다.

아이가 자연스러운 방식으로 언어를 습득하기 위해 한 가지 확실한 것은, 이 과정이 사람과의 접촉을 통해 이루어져야 한다는 것입니다. 텔레비전이나 스마트폰으로 언어를 학습하는 것은 타인과 상호

작용하면서 배우는 것과 절대 같은 효과를 얻을 수 없습니다. 새로운 언어를 습득하려면, 해당 언어를 모국어로 사용하는 성인이 아이와 정기적으로 이야기를 해야 합니다. 이렇게 함으로써 아이의 어휘력과 발음이 향상됩니다. 기억하세요. 흡수하는 정신은 모든 것을 흡수합니다. 그 아무리 어려운 발음도 말이죠.

이 책의 공동 저자인 잔느 마리는 최근에 미국에서 다언어 가정을 연구했습니다. 시리아 출신 아버지는 아랍어, 브라질 출신 어머니는 포르투갈어를 구사하는 가정이었습니다. 이들의 딸은 어렸을 때부터 다양한 언어 환경에 노출되면서 수많은 시냅스를 발달시킬 수 있었습니다. 이 아이는 자연스럽게 3개 국어를 구사하게 되었습니다. 인간의 뇌의 잠재력을 보여주는 아주 멋진 예가 아닐까 싶네요.

97 | 몬테소리 마피아

작가, 요리사, 음악가, 영화배우, 운동선수, 기업가, 왕실 사람 등등 많은 학교들이 기존에 몬테소리 교육을 받았던 유명한 사람들을 내세워 몬테소리 교육법을 높이고 새로운 학생들을 유치하고 있습니다.

몬테소리 학교를 다녔던 성공한 기업가들을 가리키기 위해 언론은 '몬테소리 마피아'라는 표현을 만들었습니다. 그들 중에는 구글 창시자인 래리 페이지Larry Page, 세르게이 브린Sergey Brin도 있습니다. 이 둘은 모두 익숙한 길에서 벗어나 창의적으로 사고하게 된 계기가 몬테소리 덕분이라고 밝힌 바 있습니다.

최근에는 아마존 창립자 제프 베조스Jeffrey Bezos가 몬테소리 유치원 건립을 위해 자신의 재산 일부를 기부하고 싶다고 했습니다. 그는 몬테소리 학교를 다니면서 생각하고 행동하는 방식에 큰 영향을 받았다고 밝혔습니다. 한 인터뷰에서 제프 베조스는 자신의 어린 시절을 회상하며 다음과 같은 말을 했습니다. "저는 몬테소리 학교를 다니던 시절을 많이 기억하고 있어요. 알파벳 카드를 따라 글자를 그리던 기억이 아직도 선명하게 남아있죠. 신발 끈을 묶는 연습을 하던 하얀색 판자도 아직 기억이 납니다."

몬테소리 교육법은 모두에게 적합하며, 우리는 진심으로 모두가 이 학습법에 쉽게 접근할 수 있고 학습의 기준이 되기를 바랍니다. 몬테소리 학교를 나온 모든 아이들이 유명인이 되지 않더라도, 아이들은 몬테소리 학습법의 미학을 충분히 누릴 것입니다. 아이들은 자신이 되고자 하는 사람에 가까워지기 위해 필요한 역량과 도구를 습득할 것입니다.

98 | 미래의 주인공을 이끌어주기

> "지속가능한 평화를 건립하는 것은 교육의 문제입니다. 정치
> 는 전쟁을 피하게만 할 뿐이죠." – 마리아 몬테소리

마리아 몬테소리는 전 세계 아이들의 문제만 고민하지 않았습니다. 그녀는 자신의 삶 전체를 평화를 위해 바쳤습니다. 마리아 몬테소리는 세 번이나 노벨 평화상 후보로 지명되었습니다. '우주적 교육'을 중심으로 한 그녀의 업적, 교육 환경 준비와 아이에 대한 존중은 자연스럽게 공감과 충분한 자각으로 나아갑니다. 즉, 아이는 몬테소리 교육을 받으면서 미래의 평화 시민이 되는 것이죠.

감정 교육과 톨레랑스

교실에는 '침묵의 공간'이 있습니다. 이 공간은 교실에서 조금 분리된 공간에 있으며, 아이들이 필요로 할 때 편안하게 감정을 다스릴 수 있도록 집중할 수 있는 도구(레인스틱, 안티 스트레스 볼 등)가 준비되어 있습니다. 이 공간은 아이들이 자신의 감정뿐만 아니라 타인의 감정을 이해하고, 갈등을 잘 해결할 수 있도록 돕습니다.

사회 활동이 부각되기 시작하는 초등학교 교실에서는 톨레랑스 교육이 다양한 방식으로 진행됩니다. 아이들은 자신의 역량과 재능, 자기 자신을 믿도록 교육받으며 타인 또한 존중하는 방법을 배웁니다. 아이들은 개개인은 다르다는 것을 마음속에 새기고 자랍니다. 인종, 경제, 사회, 문화적 차이는 중요하지 않습니다. 아이들은 모두 동일한 공동체의 일원이며, 모두가 다른 속도로 자라겠지만 각자 다양한 방식으로 사회에 기여할 것입니다.

교육자는 아이들이 우리 사회의 불평등을 인식하도록 돕고, 이를 넘어설 수 있는 방법을 제공하기 위해 존재합니다. 이처럼 아이들은 정체성과 자신만의 고유한 특성을 안전하고 발달에 유리한 환경 속에서 깨달아 갑니다.

"아이에게 관심을 가지는 것은 인류에 관심을 가지는 것과 마찬가지입니다. 아이에게 관심을 가질 때 인류는 비로소 한 발짝 더 나아질 수 있음을 어른들은 알아야 합니다. 우리는 모두 아이가 인류를 만들어간다는 것을 알아야 합니다."

– 마리아 몬테소리, 《어린이는 인간의 미래다》

99 몬테소리와 미니멀리즘

몬테소리 교실이 얼마나 평화롭고, 단순하고 잘 정돈되어 있는지 느끼셨나요? 이는 바로 마리아 몬테소리가 단순함과 정리정돈을 강조했기 때문입니다. 복잡한 환경은 복잡한 정신과 한 짝임을 이제 아시겠지요. 아이들은 장난감 수가 정해져 있을 때 더욱 재미있게 가지고 놀 수 있습니다. 또한, 한 연구는 교실 벽이 물건으로 너무 많이 차 있으면 아이들의 집중력과 이해도가 감소한다는 것을 밝혔습니다.

아이들의 정리정돈 습관은 자신들에게만 중요한 것이 아니라, 아이들과 시간을 함께 보내는 어른들에게도 중요합니다. 몬테소리 교실이나 가정에서 모든 것은 제자리가 있으며, 무질서는 존재하지 않습니다. 그렇기 때문에 미니멀리즘은 몬테소리 원칙과 자연스럽게 하나가 됩니다.

정리정돈의 아름다움

마리아 몬테소리는 아이들의 주변 환경을 아름답게 꾸밀 것을 추천했습니다. 그녀는 단순하고, 매력적이고 잘 정돈된 환경의 아름다움을 본 것이죠. 마리아 몬테소리는 위와 같은 환경이 아이들이 내면의 평화를 느끼고 자신에게 전적으로 집중하기 위해 필요하다고 생각했습니다. 질서 정연한 집에서는 차분하고 안정적인 분위기가 있습니다. 이러한 분위기는 그 공간에 사는 개개인에게 영향을 미치지요.

오늘날, 점점 더 많은 몬테소리 가정이 미니멀리즘을 실천하고, 물건 및 장난감을 정리하는 데 규칙을 가지고 정리하고 있습니다. 주변

을 정리정돈 함으로써 즐거움을 느낄 수 있으며, 이를 통해 '쓰레기 제로' 활동에 한 발짝 다가가게 됩니다.

소비 위주의 오늘날 사회에서 미니멀리즘은 정말 쉽지 않은 도전입니다. 그렇기에 미래 세대가 물질주의적 사회에서 더 나아가고 자유로워지기 위해 우리가 더더욱 본보기를 보여야 합니다. 어린 세대가 지구를 보호하는 데 앞장서기 위해 우리가 쓰레기를 줄이는 법, 물건 재사용하는 법과 재활용을 가르치는 것 또한 중요하겠습니다.

미니멀리즘은 우리의 시간표에도 동일하게 적용될 수 있습니다. 우리의 시간을 어린아이에 맞추어 느리게 하는 법을 배워야 하기 때문입니다. 아이에게 학교생활 이외의 너무 많은 활동을 시키지 마세요. 아이에게나 부모에게나 너무 많은 일정은 오히려 해가 됩니다. 스마트폰처럼 한순간의 즐거움을 가져오는 전자기기는 잠시 치워주세요. 가족만을 위한 시간을 온전히 즐기실 수 있을 겁니다. 아이들을 잘 돌보기 위해서는 무엇보다도 본인의 건강이 우선이라는 것을 잊지 마세요!

100 | 교육자가 가져야할 삶의 철학

> 이제 여러분은 몬테소리 교육이 단순한 교육 방식이나 특수한
> 교구 그 이상임을 깨달으셨을 것입니다. 몬테소리 교육은 무엇
> 보다도 인간의 자연스러운 발달을 추구하는 삶의 방식입니다.
> 몬테소리 교육이란 발달하는 인간의 가능성을 믿는 것이며, 이
> 발달 과정에서 성인의 역할을 이해하는 것입니다.

몬테소리 교육은 우리 아이들이 각자의 환경, 문화에 적응할 수 있
도록 필요한 도구를 주는 것입니다. 또한, 바뀌어야 하는 것을 바꾸
고, 나아져야 하는 것을 나아지게 하고, 지켜져야 하는 것을 지켜내
는 긍정적인 태도와 능력을 심어주는 교육입니다. 아이에게 공감 능
력과 결단력을 가르치는 교육입니다.

이 책을 통해서 부모가 되실 분들, 선생님이 되실 분들, 아니면 본
보기가 될 수 있는 어른이 되고 싶은 분들께서 필요한 정보를 찾았
기를 바랍니다.

여러분은 예민한 시기의 중요성, 인간의 공통적인 성향과 발달 단
계에 대해 배우셨습니다. 여러분은 이제 관찰이 얼마나 중요한지도

아실 겁니다. 이제 최대한 많이 관찰하시고 인간의 가능성을 믿어보세요. 여러분의 자녀들은 여러분만큼 가능성을 누릴 자격이 있습니다. 아이들이 여러분을 놀라게 할 수 있도록 무한한 가능성과 잠재력을 실현할 수 있도록 지도해주세요!

항상 배움을 멈추지 마시고, 도움이 필요하시다면 언제든 도움을 요청하세요. 여러분과 아이들의 건강을 챙기는 것이 우선임을 잊지 마시길 바랍니다.

부록

몬테소리 용어사전

마리아 몬테소리의 저서를 접하다 보면, 그녀가 개념을 지칭할 때나 아이와 아이의 발달을 묘사할 때 매우 특수한 단어를 사용한다는 것을 알게 됩니다. 몇 가지 용어는 이상하게 느껴질 수도 있습니다. 그러나 이 사전을 통해 금방 몬테소리 용어에 익숙해질 것입니다.

적응력

아이는 흡수 정신이라는 개념과 연관된 특별한 능력을 가지고 있습니다. 바로 적응력입니다. 이 능력은 영아가 주변 환경을 이용해서 그 환경의 일부가 되도록 발달하는 과정입니다. 아이는 단지 그 사회에 살고 있음으로써 문화, 관습, 습관, 야망, 태도 등을 흡수합니다.

혼합 교실

몬테소리 교육의 특징 중 하나는 바로 다양한 나이대의 아이들이 함께 어우러져 논다는 것입니다. 나이에 따른 분반은 발달 단계에 기반하고 있습니다. 3세에서 6세 사이의 아이들은 어린이집에 갑니다. 6세부터 9세까지의 아이들은 몬테소리 첫 번째 초등과정에 다닙니다. 9세부터 12세 아이들은 두 번째 초등과정에 등록하지요. 개별 활동을 통해 아이들은 각자의 리듬에 맞춰 발달할 수 있습니다. 아이들은 경쟁하기보다 협업하는 분위기에서 자랍니다.

움직임 분석

이 기술은 몬테소리 교육자가 사용하는 기술입니다. 복잡한 행동을 아이에게 보여줄 때, 어른은 그 행동을 여러 부분으로 나누어 단계별로 천천히, 아주 정확하게 보여줍니다. 복잡해보이는 행동은 단순한 움직임의 연속이 되는 것이죠. 이렇게 함으로써 아이는 그 행동을 점차 따라할 수 있게 됩니다.

구체적인 것에서 추상적인 것으로

이는 논리적이면서 아이의 발달에 적합한 순서입니다. 먼저 아이에게 추상적인 개념(예를 들어 크기나 색깔)을 나타내는 구체적인 사물을 보여줍니다. 실용적인 경험을 통해 아이는 사물에 내재한 개념을 이해함과 동시에 추상적인 개념을 머릿속에 각인하게 됩니다. 아이는 점차 성장하면서 상징적인 개념 또한 이해할 수 있습니다.

움직임의 조화

어린아이의 주요한 성취 중 하나는 바로 움직임의 연결입니다. 온전히 자신의 노력으로 아이는 근육을 조절하는 법을 습득하고, 점점 더 많은 활동을 독립적으로 할 수 있게 됩니다. 해당 발달 욕구는 아이들이 움직이는 활동에 관심을 보이는 이유이며, 특히 어느 정도 정확성과 엄밀함을 요구하는 활동에 많은 흥미를 보입니다.

활동 사이클

어린아이가 자신의 마음에 드는 활동을 발견하고는 딱히 이유 없이 몇 번이나 같은 행동을 반복하는 것을 말합니다. 해당 행동을 만족스럽게 해내겠다는 내면의 욕구가 충족되었을 때에만 이를 중단합니다. 아이들이 집중할수 있는 긴 활동 사이클 시간을 확보하기 위해서, 몬테소리는 세 시간을 권장합니다.

세 시간 사이클

전 세계를 몇 년간 관찰한 이후, 몬테소리는 그래프 형식으로 나타낼 수 있는 사이클을 찾아냈습니다. 충분한 자유를 주면 아이들은 예측 가능한 활동 사이클을 보입니다. 해당 사이클은 세 시간 동안 두 개의 정점과 하나의 하강점으로 이루어져 있습니다. 몬테소리 학교에서 아이들은 세 시간 동안 방해받지 않고 개별 활동을 선택할 수 있습니다. 자율적인 방식으로 이루어지며 아이들은 원하는 만큼 활동을 반복할 수 있습니다.

자기 통제

이는 자기 자신을 통제할 줄 아는 것입니다. 잘 운영되는 몬테소리 교실이라면, 선생님의 권위나 체벌 또는 보상의 결과로 규율이 지켜지는 것이 아닙니다. 이는 스스로의 행동을 통제할 수 있고, 개인의 태도에 관해 긍정적인 선택을 할 수 있는 아이들로부터 저절로 나오는 결과입니다. 자기 통제는 의지의 발달과 깊은 관련이 있습니다.

정신적 태아

엄마 배 속에 있는 9개월은 신체 형성의 기간이라면, 태어나고 3년 간은 대뇌 발달의 시기입니다. 대뇌가 충분히 발달하려면 다양한 경험으로 채워져야 합니다. 탄생 직후 정신적 발달은 너무나도 중요해서 마리아 몬테소리는 영아를 '정신적 태아'라고 이름 붙였습니다.

어휘 성장

어린아이의 어휘력은 3세에서 6세 사이에 크게 발달합니다. 새로운 단어를 배우고 싶어 하는 아이의 기본적인 욕구를 충족시키기 위해 단어를 알려주어야 합니다. 예를 들어, 생물과 관련된 단어, 기하학이나 지리학 관련 단어, 아니면 감각과 관련된 단어 등을 알려줄 수 있습니다. 아이의 흡수하는 정신은 모든 새로운 단어를 빠르게 자기 것으로 만들 수 있습니다.

준비된 교실

몬테소리 교실은 아이를 위해 어른이 준비한 공간입니다. 이 교실은 아이들의 발달을 위해 최적으로 구성된 군더더기 없는 공간입니다. 교실은 잘 정리정돈되어 있고, 현실을 반영했으며, 아름다움과 단순함을 갖추고 있습니다. 모든 것은 아이들의 키에 맞춰져 있기에 아이들은 독립성을 키울 수 있습니다. 교육자와 다양한 나이대의 아이들이 모여 몬테소리 교실을 구성합니다.

흡수 정신

흡수 정신이란 큰 노력을 들이지 않고도 빠르게 새로운 지식을 습득하는 능력을 말합니다. 마리아 몬테소리가 6세까지 어린이를 지칭할 때 흡수 정신이라고 부르기도 했습니다.

수학적 마인드

모든 아이는 수학적 마인드를 가지고 태어납니다. 아이들은 무엇인가를 확실히 하고, 구조화하며, 관찰하며, 비교 및 분류하는 능력을 함양하고자 하는 성향을 가지고 있습니다. 인간은 계산하고, 측정하고, 사고하고, 요약하고, 상상하며 창조하는 것을 추구하는 존재입니다. 하지만 위와 같은 지적 호기심이 올바르게 발달하고 잘 작동하려면 누군가의 도움이 필요합니다. 어린아이가 수학적 마인드를 갈고 닦지 않는다면, 아이의 무의식이 이를 받아들이지 않을 것입니다.

실생활 탐구

몬테소리 교육 환경의 네 가지 활동 범주 중 하나입니다. 실생활 탐구는 가정에서 매일 같이 반복되는 간단한 일을 말합니다. 빗자루질 하기, 먼지 털기, 설거지하기 등 이러한 실용적인 활동은 아이가 새로운 공동체에 적응하고, 자기 자신을 통제하고, 사회 집단 속에서 자신을 하나의 일원으로 자리잡도록 돕습니다. 아이는 두 손으로 일하면서 지능을 발달시킵니다. 성격 또한 점차 형성이 되고, 몸과 마음이 하나가 됩니다.

폭발적 성장

인간은 항상 단계적으로 성장하지 않습니다. 느리지만 확실히 성장하지요. 종종 폭발적으로 정보를 습득하는 경우가 있습니다. 겉으로 보기에는 갑자기 성장한 것 같아도, 실제로 이는 내면에서 오랜 성장을 거듭한 끝에 나타나는 결과입니다. 예를 들어 아이가 2세경에 말하기 능력이 갑자기 향상되는 이유는 그동안 내적으로 많이 연습하고 대뇌가 그만큼 발달했기 때문입니다.

독립성

걷고 말하기와 같은 주요 발달 단계는 아이가 개별성, 주체성, 자율성을 습득하기 위한 주요 지표로 볼 수 있습니다. 네 가지 주요 발달 단계 동안 영아 및 어린이는 독립적인 아이가 되기 위해서 계속 연습합니다. 아이가 "스스로 할 수 있도록 도와주세요"라고 말하는 것과 비슷한 맥락이지요.

감각 교구

감각 교구는 아이의 발달과 지능 향상을 위해 만들어진 도구입니다. 과학적으로 만들어진 감각 교구는 각각 뚜렷한 특징을 가지고 있습니다. 색깔 교구, 모양 교구, 크기 교구 등으로 나뉘어져 있습니다. 그렇기 때문에 아이들은 감각 교구의 특징에 더 잘 집중할 수 있게 됩니다. 감각 교구를 여러 번 가지고 놀면서 아이는 구체적이거나 추상적인 개념을 습득하게 됩니다. 말로 설명할 수 없는 것들은 감각 교구를 가지고 놀면서 배울 것입니다.

최대한의 노력

아이들은 자신의 현재 능력 이상을 뛰어넘게 만드는 어려운 일을 좋아합니다. 아이들은 '최대한의 노력'을 하면서 기쁨을 얻습니다. 예를 들어, 어린아이는 쟁반을 들어 컵 안의 주스가 쏟아지지 않도록 한다거나, 힘들어도 손수레를 스스로 끌고자 할 것입니다. 학교에 갈 나이가 된 아이들은 단순 계산보다 복잡한 계산을 좋아할 것입니다.

일상화

어린아이들이 순간적인 집중력을 발휘해서 똑같은 놀이를 계속 반복하는 시기가 있습니다. 아이들은 이 시기를 통해 '일상적' 발달을 시작합니다. '일상적' 발달이란 노동과 일상의 즐거움, 현실에 애착을 느끼는 것을 말합니다. '일상화'된 아이들은 더욱 행복한 모습을 보입니다. 아이들은 열정적이고, 타인에게 베풀 줄 알고 주변에 관심을 가질 줄 알지요. 아이들은 놀이를 하면서 정당한 선택을 할 수 있고, 이는 아이들의 발달 척도를 나타냅니다.

순종

순종은 아이가 오랜 기간 성숙의 과정을 거치면서 의도치 않게 길러지는 자발적 행동입니다. 내적 성숙이 발달하는 동안, 간헐적으로 아이가 순종하는 모습을 볼 수 있습니다. 선택을 하는 연습을 하면서 아이의 의지는 발달하고, 아이는 순종에 필요한 자율성과 자기 자신을 통제하는 법을 터득하게 됩니다.

예민한 시기

아이들은 예민한 시기를 거쳐갑니다. 이 시기에 아이들은 특정 감각과 관련된 활동을 하고자 하는 욕구가 있습니다. 예민한 시기의 아이들은 특정 감각과 관련이 있는 활동을 할 때 순간적인 집중력을 보입니다. 예를 들면, 질서에 예민한 시기를 거치고 있는 아이들은 질서 감각을 발달시키는 놀이에 관심을 보일 것입니다. 아이가 가끔 아주 높은 집중력을 보일 때가 있을 겁니다. 이때 아이는 계속해서 한 가지 놀이만 반복할 것입니다. 그 어떤 칭찬이나 상을 바라지도 않고 말입니다. 아이들은 각자의 발달 단계에 맞춰 자연스럽게 특정 감각을 발달시키는 활동에 끌려합니다.

시범

몬테소리 교실에서 교육자는 기존의 방식에 따라 가르치지 않습니다. 교육자는 그저 아이들에게 다양한 물건을 사용하는 방법을 보여주고, 아이들이 자유롭게 탐구하고 경험하도록 놔둡니다. 이러한 수업 방식을 '시범'이라고 부릅니다. 효율적으로 아이들에게 시범을 보여주려면 동작을 단계별로 천천히, 그리고 정확하게 해야 합니다. 말은 최대한 적게 해주세요.

간접적 시범

아이의 흡수하는 정신은 모든 행동이나 일이 하나의 수업처럼 보이게 합니다. 아이들은 다른 사람들이 일하는 것을 관찰하거나, 다른 아이들이 배우는 것을 보면서 새로운 지식을 습득합니다. 같은 방식으로 아이들은 가족, 다른 친구들이나 심지어 텔레비전을 통해서 행동 양식이나 언어 습관을 배워갑니다.

반복

아이는 어른과 아주 다른 방식으로 일합니다. 어른의 경우 일할 때 목표를 정하고 이를 달성할 때까지 멈추지 않습니다. 하지만 아이는 외적 목표를 달성하기보단 내적 목표를 달성하기 위해 일합니다. 결과적으로 아이는 내면의 목표를 달성할 때까지 같은 작업을 반복하지요. 무의식에서 발현되는 반복하고자 하는 욕구는 아이가 여러 움직임을 연결하거나 특정 능력을 습득할 수 있도록 하는 원동력입니다.

단순한 것에서 복잡한 것으로

해당 원칙은 몬테소리 교실에서 시범을 보일 때 사용되는 원칙입니다. 교육자들은 먼저 아이들에게 아주 단순한 개념이나 생각을 아이들에게 보여줍니다. 아이들은 점차적으로 더욱 복잡한 개념을 이해할 수 있게 됩니다.

인간의 성향

몬테소리 철학의 가장 중요한 개념은 인간은 나이, 문화, 출신에 상관없이 몇 가지 보편적인 성향을 띈다는 것입니다. 인간은 아주 오래 전부터 존재해왔으며 우리는 아마도 진화의 결과이기 때문입니다.

일

길고 긴 아이 시절은 아이가 편안한 공간에서 많은 것을 배우고 경험하기 위해 존재합니다. 대부분의 사회학자는 이러한 행위를 '놀이'라고 명하지만, 마리아 몬테소리는 '어린아이 시절의 일'이라고 불렀습니다. 아이들은 사실 매우 진지하게 놀이에 임합니다. 이 놀이는 아이들에게 충분한 시간과 독립심을 줌과 동시에 발달 욕구를 촉진합니다. 그렇기에 아이들은 쓸모 없거나 하찮은 활동을 하는 게 아니라 자신에게 유리한 활동을 선택합니다.

마리아 몬테소리
(1870~1952)

마리아 몬테소리의 인생과 업적은 매우 특별했습니다. 이 연표를 통해 마리아 몬테소리의 일생에서 가장 중요한 순간들을 확인하십시오.

1870

알레산드로 몬테소리Alessandro Montessori(1832~1915)와 레닐데 스토파니Renilde Stoppani(1840~1912)의 외딸 마리아 몬테소리는 8월 31일 이탈리아 안코나 지방의 키아라발레에서 태어났습니다.

1896

7월 10일, 그녀는 자신의 박사 학위 논문인《길항적 환각 증세》를 통해 로마 의과 대학에서 학위를 받는 첫 번째 여성이 됩니다.

9월 20일부터 23일까지 베를린에서 열린 국제 여성 학회에서 그녀는 이탈리아를 대표했습니다. 그 곳에서 그녀는 남녀 동일 임금의 주제를 중심으로 업무 환경에서의 여성 인권을 피력했습니다.

1897~1898

2 년간 그녀는 로마 대학교 부속 정신병원에서 일했습니다. 이 기간 동안 그녀는 장애 어린이들을 위해 일하던 프랑스 의사 장 이타르Jean Itard(1774~1838)과 에두아르 세갱Édouard Séguin(1812~1880)의 서적에 매료되었습니다.

1898

3월 31일 그녀는 로마 대학교 부속 병원의 정신과 교수였던 주세페 몬테사노Giuseppe Montesano(1868~1951) 사이에서 아들 마리오Mario(1898~1982)를 얻습니다.

그녀는 주세페와 혼인하지 않았고, 아들 마리오는 열두 살 때까지 양부모에게 맡겨 져 자랐습니다.

1899

마리아 몬테소리는 런던에서 열린 여성 국제 학회에 참석하고 그 곳에서 빅토리아 여왕을 만났습니다.

1899~1906

그녀는 로마의 여성을 위한 교육원에서 위생학과 인류학을 공부했습니다.

1900

그녀는 로마의 장애 학생을 가르칠 교사를 양성하는 학교의 공동 교장이 됐습니다.

1901

그녀는 교육학, 응용심리학과 인류학을 로마 대학에서 공부했습니다.

1904~1908

마리아 몬테소리는 로마 대학 교육원에서 인류학과 생물학 강의를 했습니다.

1907

1월 6일, 첫 번째 몬테소리 학교인 '카사 데 밤비니(어린이집)'이 로마 마르시 가 58 번지에 문을 열었습니다.

1909

첫 번째 몬테소리 교육이 움브리아 주의 시타 디 카스텔로에서 진행됐습니다. 같은 해 그녀의 첫 번째 책은 산 라피 출판사를 통해 로마에서 발행됐습니다. 책의 제목 은《가정에서 이뤄지는 유아 교육의 과학적 교육법Il Metodo della Pedagogia Scientifica applicato all'educazione infantile nelle Case dei Bambini》이며, 불어판의 제목은《몬테소 리 교육법la Méthode Montessori》입니다.

1910

그녀의 두 번째 책인《교육학의 인류학 l'Antropologia pedagogica》이 밀라노에서 발라르디 출판사를 통해 밀라노에서 발행됩니다.

1911

마리아는 로마 대학에서의 교수직과 로마의 개인 진료소를 남겨둔 채 교육학에 매진했습니다.

이미 영국과 아르헨티나의 몇몇 학교에서 적용되던 몬테소리 교육법은 스위스와 이탈리아의 학교에도 자리잡기 시작했습니다.

몬테소리 학교가 파리, 뉴욕, 그리고 보스턴에서 문을 열었습니다.

1913

몬테소리 교육법의 첫 국제 강연은 사부아의 마르게리타margherita 여왕의 후원 하에 로마에서 진행되었습니다. 이는 몬테소리 교육법으로 훈련된 전 세계의 학생들을 한데 모이게 했지요.

마리아 몬테소리는 처음 미국에 가게 되는데, 그 곳에서 그녀는 미국에 몬테소리 교육 협회를 창설했습니다. 이 협회는 알렉산더 그라함 벨Alexander Graham Bell과 그의 부인 마벨 벨Mabel Bell, 신문 기자 사무엘 시드니 맥클루어Samuel Sydney McClure와 미국 대통령의 딸인 마가렛 우드로 윌슨Margaret Woodrow Wilson 등의 회원을 보유하게 됩니다.

1914

두 번째 국제 강연이 로마에서 열립니다. 마리아 몬테소리의 세 번째 책인《몬테소리 박사의 안내서Dr. Montessori's Own Handbook》가 뉴욕에서 발행됩니다.

1915

마리아는 아들 마리오와 함께 두 번째 미국 여행을 떠났습니다.

샌프란시스코에서 열린 파나마-태평양 국제 박람회에서 몬테소리 강의실을 전시하여 유리 벽을 통해 방문자들이 학생들을 관찰할 수 있도록 했습니다.

1916

그녀는 바르셀로나 시의 초대로 그 곳에 자리를 잡았습니다. 1936년 내전의 시작을 알린 프랑코Franco 장군의 쿠데타 전까지 그녀는 주로 그 곳에 머물었습니다.

네 번째 국제 강연이 바르셀로나에서 열립니다. 몬테소리 모범 학교와 아이들을 위한 예배당과 교사 양성소가 카탈라니아 정부의 후원 하에 모두 바르셀로나에 열렸습니다.

그녀의 네 번째 책인 《초등학교에서의 자율학습법l'Autoeducazione nelle Scuole Elementari》이 로마에서 발행됩니다.

1919

몬테소리 교육자 강연이 런던에서 열립니다. 이 곳에서의 50시간의 컨퍼런스, 50시간의 실습과 50시간의 몬테소리 수업 참관은 새로운 규범이 되었습니다.

1920

암스테르담 대학에서 컨퍼런스가 열렸습니다.

1921

몬테소리 교육자 강연이 런던과 밀라노에서 열렸습니다. 그녀는 베아트리스 앙소르Béatrice Ensor와 아돌프 페리에르Adolphe Ferrière와 함께 교육 및 학습에 중점을 둔 신교육 협회를 만들고, 이는 오늘날의 세계 교육 협회로 이어지게 됩니다. 마리아 몬테소리는 협회에 적극적으로 참여하며 장 피아제Jean Piaget, 존 다우니John Downey, 로저 쿠지네Roger Cousinet 등의 개혁적 교육가들과 활발하게 토론했습니다.

1922

아이들의 관점에서 본 카톨릭 예배식에 대한 첫 번째 책인 《나폴리 성당에서 살아가는 아이들I bambini viventi nella Chiesa in Naples》이 출판됩니다.

1923

몬테소리 교육자 강연이 런던과 네덜란드에서 열렸습니다. 릴리 루비첵Lili Roubiczek
의 도움으로 오스트리아 비엔나에서 마리아 몬테소리는 처음으로 '어린이집Haus
der Kinder'을 방문했습니다. 이 어린이집은 릴리 루비첵 덕분에 1922년에 세상의
빛을 본 어린이집입니다. 마리아 몬테소리, 릴리 루즈벡Lili Roubiczek(그의 부인 펠
레)과 리즐 헤르바첵Lisl Herbatschek(그의 부인 브라운)간의 우정과 협업이 시작되
었습니다.

1924

네 달간의 몬테소리 교육자 강연이 암스테르담에서 진행됩니다. 마리아 몬테소리와
베니토 무솔리니Benito Mussolini(1922년부터 권력을 장악하기 시작했습니다.)의 만
남이 진행되었으며, 이는 이탈리아 정부를 통해 몬테소리 학교들이 인정받고 널리
알려지는 계기가 됩니다.

1925

런던에서 몬테소리 교육자 강연이 열렸습니다. 이 곳에서 마리아 몬테소리의 아들
마리오 몬테소리가 몬테소리 학위를 받았습니다.

1926

마리아 몬테소리는 아르헨티나를 방문했습니다.
그녀는 자신의 책 《다국가 사회에서의 교육과 평화l'Éducation et la Paix à la Société
des Nations》를 제네바에서 소개했습니다.

1927

마리아 몬테소리는 영국 왕실에 소개되었습니다.

그녀는 아일랜드의 학교들을 처음으로 방문했습니다.

1928

마리아 몬테소리의 1923년 비엔나 컨퍼런스에 기반한 책 《가정에서의 아이Das Kind in der Familie》가 비엔나에서 발행되었습니다.

1929

몬테소리 교육 센터와 몬테소리 모범 학교가 로마에 설립되었습니다. 마리아 몬테소리는 건축가들과 협업했습니다.

첫 번째 몬테소리 국제 회의가 '새로운 심리학과 교육 커리큘럼'을 주제로 덴마크 헬싱키에서 열렸습니다.

마리아 몬테소리는 아들 마리오와 함께 국제 몬테소리 연구소AMI를 설립하고, 이는 1935년까지 베를린에 본부를 둡니다.

1930

국제 몬테소리 교육자 강연이 로마에서 진행되었습니다.

비엔나에서 컨퍼런스가 열리며, 이 때 마리아는 심리학자 안나 프로이트를 만나게 됩니다.

1931

두 번째 몬테소리 국제 회의가 '교육에서의 심리학 원칙'을 주제로 니스에서 열렸습니다.

국제 몬테소리 교육자 강연이 로마와 영국에서 진행되었습니다.

인도의 독립을 이끈 마하트마 간디가 로마의 몬테소리 학교들을 방문했습니다.

1933

세 번째 몬테소리 국제 회의가 암스테르담에서 열렸습니다.

히틀러가 집권한 독일에서는 나치당이 몬테소리 운동을 방해하며, 모든 학교들이 문을 닫게 됩니다.

런던, 더블린, 바르셀로나에서 몬테소리 교육자 강연이 진행되었습니다.

1934

네 번째 몬테소리 국제 회의가 로마에서 열렸습니다.

하지만 파시즘 권력 주체와의 갈등이 고조되었습니다. 1932년부터 경찰의 감시로 인해 마리아 몬테소리는 이탈리아를 떠나 스페인으로 이주하게 됩니다. 2년 후인 1936년 무솔리니 정권은 모든 몬테소리 학교들을 폐지하기에 이릅니다.

1935

국제 몬테소리 연구소AMI는 암스테르담으로 본부를 옮겼습니다.

1936

다섯 번째 몬테소리 국제 회의가 영국 옥스포드에서 열렸습니다.

마리아는 초등 교육 '우주적 교육' 및 중등 교육 원칙을 고안했습니다.

그녀는 바르셀로나를 떠나 영국으로, 그리고 네덜란드로 이주했습니다.

1937

여섯 번째 몬테소리 국제 회의가 덴마크 코펜하겐에서 열렸습니다.

1938

일곱 번째 몬테소리 국제 회의가 스코틀랜드 에딘버러에서 열렸습니다.

소르본에서의 연설에서 마리아 몬테소리는 세계 평화를 주장했습니다.

1939~1946

1939년 마리아와 그녀의 아들 마리오는 마드라스 신지학회의 초청으로 인도를 방문하여 세 달간의 교육을 진행했습니다. 당시 인도는 여전히 영국의 식민지였습니다.

그러나 1940년, 이탈리아가 추축국의 일원이 됨으로써 영국은 이탈리아 출신인 마리오와 그의 어머니를 적으로 여기고, 마리오를 구금하고 그의 어머니의 거주지를 지정했습니다. 다행히도 인도 총독이 마리아 몬테소리를 매우 존경했기에 그녀의 70번째 생일 날 그녀의 아들을 석방했습니다. 하지만 여전히 전쟁이 끝나지 않았기에 그 누구도 인도를 떠날 수 없었지요.

마리아와 그녀의 아들은 그 당시 대부분의 시간을 몬테소리 교육자 양성에 쏟았습니다. 마드라스, 코다이카날, 카라치와 아메다바드 등 인도뿐 아니라 스리랑카에서도 말입니다.

또한 마리아는 마리오의 도움으로 '우주적 교육' 계획을 생각해냈습니다.

1946

마리아와 마리오는 유럽으로 돌아왔습니다.

런던에서 몬테소리 교육자 강연이 진행되었습니다.

1947

마리아 몬테소리는 런던에 몬테소리 센터를 설립했습니다.

그녀는 이탈리아로 돌아갔습니다. 몬테소리 협회가 부활하고 관련 기관들은 다시 문을 열었습니다.

그녀는 인도로 돌아가 아디아르에서 교육자 강연을 했습니다.

1948

그녀는 아메다바드, 아디아르와 푸나에서 교육을 진행했으며, 봄베이에서 컨퍼런스가 열렸습니다. 인도의 괄리오르에서 마리아는 열두 살 미만의 아이들을 위한 모범 학교를 설립하는 것을 감독했습니다.

마리아 몬테소리는 스리랑카의 콜롬보에 위치한 몬테소리 교육 협회와 모범 학교를 방문했습니다.

1949

마리아 몬테소리는 마리오 몬테소리와 알버트 막스 요스텐Albert Max Joosten의 도움을 받아 파키스탄에서 한 달간 교육이 진행되었습니다.

그녀는 완전히 유럽으로 돌아옵니다.

1950

마리아 몬테소리는 이탈리아 피렌체에서 열린 유네스코 총회에서 연설을 했습니다.

암스테르담에서 마리아 몬테소리의 80번째 생일을 기념하는 국제 컨퍼런스가 열렸습니다.

1951

마리아 몬테소리는 노벨 평화상 후보로 세 번째(1949년도와 1950년도 이후) 지목을 받았습니다.

아홉 번째 몬테소리 국제 회의가 런던에서 열렸습니다.

마리아 몬테소리의 마지막 교육이 오스트리아 인스부르크에서 열렸습니다.

1952

마리아는 5월 6일 네덜란드의 노르트베이크 안 제이에서 생을 마감하고 그 곳에 묻혔습니다.

반성의 역설

일본 서점가를 뒤흔든 화제의 책. 잘못을 저지르고 반성하는 것은 상식이지만, 잘못을 저지른 후 바로 반성하는 사람은 지극히 드뭅니다. 대부분의 사람들은 잘못이 발각된 직후 반성에 앞서 후회를 합니다. 그것은 자연스러운 인간의 심리입니다. 이런 심리를 무시하고 반성을 강요하는 건 오히려 역효과를 부른다는 것이 저자의 주장입니다.

누가 왕따를 만드는가

교실 속 왕따, 사이비 종교에 빠진 여성, 어디서도 환영받지 못하는 장애인, 묻지마 범죄를 일으킨 외톨이…. 누가, 왜 이들을 그렇게 만들었는가. 우리 주위에 만연해 있는 왕따와 차별 현상을 냉철한 시점으로 분석했습니다.

유대인 유치원에서 배운 것들

대만 출신 여교사가 유대인의 나라에서 세 아이의 엄마가 되면서 직접 경험한 유대인 교육의 모든 것이 담겨 있습니다. 둘째가 태어나면서 큰아이에게 찾아온 카인 콤플렉스, 일과 육아 사이에서 고민하는 직장맘의 비애, 출산의 고통과 말 못 할 수치스러움 등 초보 엄마라면 반드시 공감하는 크고 작은 에피소드가 펼쳐집니다.

생각의 크기만큼 자란다

이 책에서는 '창의력이란 무엇일까?'라는 물음에 70명의 위인이 답합니다. 남들과 다른 생각으로 세상을 바꾼 인물들의 이야기가 나옵니다. 대한출판문화협회와 한국출판문화진흥재단이 선정 한 '2015 올해의 청소년교양도서' 중 하나입니다.

무엇을 가르칠 것인가

왜 우리는 오래전 교육과정을 그대로 답습하고 있을까? 왜 우리는 아이가 행복해하지 않는 교육을 강요할까? 저자는 시대를 뛰어넘어 우리에게 질문을 던집니다. 그리고 다방면에서 활약한 이력에 걸맞게 인간과 사회 모두 번영할 수 있는 교육의 길을 제시합니다.

교과서에 나오는 위인들의 어린 시절 이야기

아인슈타인부터 한석봉까지 청소년들에게 친숙한 위인들의 숨겨진 이야기를 풀었습니다. 후대를 위해 꿈의 크기를 넓혀 온 인물들의 이야기를 통해 생각의 크기를 키울 수 있습니다. 생활 속에서 실천할 수 있는 교훈들이 특별합니다.

존경받는 부자들의 어린 시절 이야기

앤드류 카네기, 존 록펠러, 빌 게이츠, 오프라 윈프리 등의 어린 시절 일화를 재미있는 만화를 통해 소개합니다. 그들의 지혜가 녹아 있는 주옥같은 명언들도 담겨 있습니다. 돈만 많이 번 부자에 머물지 않고, 많은 이들에게 존경과 사랑을 받고 있는 이들은 어린 시절 무엇이 달랐을까요? 정직한 땀과 노력으로 부를 이룬 인물들의 숨겨진 이야기를 만나 봅시다.

경제는 내 친구

기자 아빠와 은행원 엄마가 함께 쓴 세상에서 가장 쉬운 경제 교실로 초대합니다. 아이들이 평상시에 궁금해하는 문제들을 경제원리로 풀어내고 있습니다. 청소년들이 앞으로 살아가는 데 필요한 경제 개념을 모두 담았습니다.

생각을 키우는 동양 철학 이야기

한국출판문화산업진흥원이 선정한 청소년 권장 도서로서 2017년 청소년 북 토큰 도서 중 하나입니다. 한자로 쓰여 어렵게 느껴질 수 있는 동양 철학을 가벼운 이야기 모음으로 풀었습니다. 세상을 보는 안목을 키우는 데 도움을 줍니다.

내가 가장 닮고 싶은 과학자

과학사에 있어 중요한 인물만 가려 뽑아 과학사의 흐름을 인물 중심으로 알 수 있는 책입니다. 위대한 과학적 발견이 어떻게 이뤄지고 그것이 어떻게 오늘날 영향을 미치게 되었는지를 다채로운 에피소드를 통해 만나볼 수 있습니다.

엄마도 모르는 영재의 사생활

1400명에 달하는 천재 청소년들을 설문 조사하여, 그들의 관심사와 고민에 초점을 맞추어 영재성, 지능과 같은 영재 학생들의 특성에 관한 정보와 함께 진로 문제, 교우 관계, 심리적 문제 등 그들이 직면한 여러 문제를 다루고 있는 유일한 책입니다.

동물에게 배우는 생존의 지혜

지구의 역사에서 인류가 등장하기도 전 에 이미 동물들은 먼저 지구에 뿌리내리고 살아왔습니다. 이들이 보여주는 삶의 방식은 다양합니다. 각각 동물들의 습성 에서 우리는 삶의 용기, 자식을 향한 부 모의 사랑, 협동의 의미 등을 배울 수 있습니다.

에피소드로 읽는 과학사

과학적 발견 및 발명들이 어떻게 이루어지게 되었는지 에피소드 위주의 과학사를 통해 다루고 있습니다. 과학적 발명과 발견들은 우연히 이루어진 경우도 있지만, 실은 수많은 과학자들의 실패와 도전을 바탕으로 결실이 맺어진 것입니다. 역사에 큰 획을 그은 업적과 관련된 뒷이야기를 에피소드를 통해 만나 보도록 합시다.

생각을 키우는 이야기 사서

불멸의 고전인 사서를 역사 속 인물들의 일화와 함께 이야기로 풀어냈습니다. 삼국지의 유비, 조조, 관우뿐만 아니라 중국 고대의 요임금과 순임금 등 과거에 살았던 인물들의 다양한 이야기로 어렵게 보이는 사서를 쉽고 재미있게 이해하도록 돕습니다.

성적 좋은 아이가 왜 실패하는가

이 책은 아이들이 미래 환경에 어떻게 적응할 수 있을지를 진지하게 다루고 있습니다. 지금 필요한 건 인공지능에게 대체될 기능들이 아닌 사람만이 가능한 창조성, 문제 해결력, 비판적 사고가 중요하다는 게 이 책의 주장이며, 그 능력들을 키우는 방법이 담겨있습니다.

공부머리를 키우는 가족 놀이 100

초등학교 선생님이자 한 아이의 아버지가 아이와 어떻게 놀아야 할지 모르는 부모들을 위해 쓴 책입니다. 최신 교육과정의 내용을 반영한 놀이법으로 아이들은 놀면서 학교공부까지 할 수 있는 일석이조의 놀이법입니다.